U0655729

汉画总录

59

淮安

GUANGXI NORMAL UNIVERSITY PRESS

广西师范大学出版社

·桂林·

本研究由 2012 年度国家社科基金重大项目"中国汉代图像数据库与《汉画总录》编撰研究"资助

本专项研究得到吴作人国际美术基金会的赞助

HANHUA ZONGLU

项目统筹　汤文辉　李　琳
责任编辑　廖佳平　刘　玲
装帧设计　李若静　陆润彪　刘　凛
责任技编　郭　鹏

图书在版编目（CIP）数据

汉画总录. 59，淮安 / 王卫清，朱青生主编. —桂林：广西师范大学出版社，2021.12
　ISBN 978-7-5598-4557-3

Ⅰ．①汉… Ⅱ．①王… ②朱… Ⅲ．①画像砖－史料－研究－中国－汉代②画像砖－史料－研究－淮安－汉代 Ⅳ．①K879.444

中国版本图书馆 CIP 数据核字（2021）第 263450 号

广西师范大学出版社出版发行

（广西桂林市五里店路 9 号　邮政编码：541004）
网址：http://www.bbtpress.com
出版人：黄轩庄
全国新华书店经销
广西广大印务有限责任公司印刷
（桂林市临桂区秧塘工业园西城大道北侧广西师范大学出版社集团有限公司创意产业园内　邮政编码：541199）
开本：787 mm ×1 092 mm　1/16
印张：15　　字数：150 千字
2021 年 12 月第 1 版　　2021 年 12 月第 1 次印刷
定价：480.00 元

如发现印装质量问题，影响阅读，请与出版社发行部门联系调换。

序

　　文字记载，图画象形。人性之深奥、文化之丰富俱在文献形相之中；史实之印证、问题之追索无非依靠文字图形。[1]汉画乃有汉一代形相与图画资料之总称。

　　汉代之前，有各种物质文化遗迹与形相资料传世。但是同时代文献相对缺乏，虽可精观细察，恢复格局，重组现象，拾取位置、结构和图像信息，然而毕竟在紧要处，但凭推测，难于确证。汉代之后，也有各种物质文化遗迹与形相资料传世，但是汉代之前问题不先行获得解释，后代的讨论前提和基础就愈加含糊。尤其渊源不清，则学难究竟。汉代的文献传世较前代为多，近年汉代出土文献日增，虽不足以巨细问题尽然解决，但是与汉代之前相比，判若文献"可征"与"不可征"之别。所以，汉画作为中国形相资料的特殊阶段，据此观察可印之陈述，格局能佐之学理，现象会证之说明；位置靠史实印证，结构倚疏解诠释。因图像信息与文字信息的双重存在，将使汉画成为建立中国图像志，用形相学的方法透入历史、文化和人性的一个独特门类。此汉画作为中国文化研究关键理由之一。

　　两汉之世事人情、典章制度可以用文字表达者俱可在经史子集、竹帛简牍中钩沉索隐，而信仰气度、日常生活不能和不被文字记述者，当在形相资料中考察。形者，形体图像；相者，结构现象。事隔两千年形成的古今感受之间的千仞高墙，得汉画其门似可以过入。而中国文明的基业，多始于汉代对前代的总结、集成而制定规范；即使所谓表率万世之儒术，亦为汉儒所解释而使之然。诸子学说亦由汉时学人抄传选择，隐显之功多在汉人。而道德文章、制度文化之有形迹可以直接回溯者，更是在汉代确立圭臬，千秋传承，大同小异，直至中国现代化来临。往日的学术以文字文献为主，自从进入图像传播时代，摄影、电视造就了人类看待事物的新方法，养成了直接面对图像的解读能力。于是反观历史，对于形相资料的重视与日俱增。因此，由于汉代奠定汉

---

[1] 对于古史，有所谓四重证据法：传世文献＋出土文献＋出土文物＋依地形、位置和建筑建构遗存复原的文化环境设想。但任何史实，多少都有余绪流传至今，则可通过现今活态遗存，以今证古，这是西方人类学、文化地理学中使用的方法。例如，可从近日的墓葬石工技艺中考溯汉代制作；再如，今日非物质文化遗产中的祭祀庆典仪式，其中可能有此地同族举行同类型活动的延承，正所谓"礼失而求诸野"。所以，对于某些历史对象，可以采用六重证据法：传世文献＋出土文献＋出土文物＋复原的文化环境设想＋现今活态遗存＋试验考古（即用当时的工具、材料、技术、观念重新试验完成一遍古代特定的任务）。对问题的追索无非依靠文字和形相两种性质的材料，故略称"文字图形"。

族为主体的文明而重视汉代，由于读图观相的时代到来而重视图画，此汉画之为中国文化研究关键理由之二。

"汉画"沿用习称。《汉画总录》关注的汉画包括画像石、画像砖、帛画、壁画、器物纹样和重要器物、雕刻、建筑（宗教世俗场所和陵墓）。所以，与《汉画总录》互为表里的国家图像数据库[2]则称之为"汉代形像资料"，是为学术名称。

汉画研究根基在资料整理。图像资料的整理要达到"齐全"方能成为汉画学的基础。所谓齐全，并非奢望汉代遗迹能够完整留存至今，而是将现存遗址残迹，首先确定编号，梳理集中，配上索引，让任何一位学者或观众，有心则可由之而通览汉代的形相资料总体，了解究竟有多少汉代图形存世。能齐观整体概况，则为齐也。如果进一步追索文化、历史和人性的问题，则可利用这个系统，有条理、有次序地进入浩瀚的形相数据，横征纵析，采用计算机详细精密的记录手段和索引技术，获取现有的全部图像材料。与我们陆续提供给学界的"汉代古文献全文数据库"和"中文、西文、日文研究文献数据库"互为参究，就能协助任何课题，在一个整体学科层面上开展，减少重复，杜绝抄袭，推动研究，解决问题。能把握学科动态则为全也。《汉画总录》是与国家图像数据库相辅相成的一个长期文化工程，是依赖全体汉画学者努力方能成就的共同事业。一事功成，全体受益。如果《汉画总录》及其索引系统建成完整、细致、方便的资料系统，则汉画学的推进可望有飞跃发展，对其他学科亦不无帮助。

汉画编目和《汉画总录》的编辑是烦琐而细致的工作。其平常在枯燥艰苦的境况中日以继夜。此事几无利益，少有名声，唯一可以告慰的是我们正用耐心的劳动，抹去时间的风尘，使中国文明之光的一段承载——汉画，进入现代学术的学理系统中，信息充溢，条理清楚，惠及学界。况且汉画虽是古代文化资料，毕竟养成和包蕴汉唐雄风；而将雄风之遗在当今呈现，是对中国文明的贡献，也是为人类不同文明之间更为深刻的互相理解和世界在现代化中的发展提示参照。

人生有一事如此可为，夫复何求？

编 者

2006年7月25日

---

[2] 2005年文化部将中国汉代图像信息综合调查与数据库项目纳入"国家数据库专项"系统。

编辑体例

《汉画总录》包括编号、图片、图片说明、图像数据、文献目录、索引六部分内容。

1. 编号

为了研究和整理的需要，将现有传世汉画材料统一编号。编号工作归属一个国家项目协调（《中国汉代图像信息综合调查与数据库》为国家艺术科学"十五"规划项目）。方法是以省、区编号（如陕西SSX，山西SX）加市、县，或地区编号（如米脂MZ）再加序列号（三位），同一汉画组合中的部件在序列号之后加横杠，再加序列号（两位）。比如米脂党家沟左门柱，标示为SSX-MZ-005-01（说明：陕西—米脂—党家沟画像石墓—左门柱）。编号最终只有技术性排序，即首先根据"地点"的拼音缩写的字母排列顺序，在同一地点的根据工作序列号的顺序排序。

地点是以出土地为第一选择，不在原地但仍然有确切信息断定其出土地的，归到出土地编号，并在图片说明中标示其收藏地和版权所有者。如果只能断定其出土地大区（省、区），则在小区（市、县、地区）部分用"××"表示。比如美国密歇根大学博物馆藏的出自山东某地，标示为SD-××-001。如果完全不能断定其出土地点，则以收藏地点缩写编号。

编号完成之后，索引、通检和引证将大为方便。论及某一个形象或画面，只要标注某编号，不仅简明统一，而且可以在《汉画总录》和与此相表里的国家图像数据库（文化部将中国汉代图像信息综合调查与数据库项目纳入"国家数据库专项"系统）中根据检索方法立即找到其照片、拓片、线图、相关图像和墓葬的全部信息，以及关于这个对象尽可能全面的全部研究成果，甚至将来还可以检索到古文献和出土文献的相关信息，以及同一类型图像或近似图像的公布、保存和研究情况。

2. 图片

记录汉代画像石、画像砖的图片采取拓片、照片和线图相比照的方式处理。[1]传统著录汉画的方式是拓片，拓片的特点是原尺寸拓印。同时，拓片制作时存在对图像的取舍和捶拓手工轻重粗精之别，而成为独立于原石的艺术品。拓片不能完整记录墓葬中画像砖石的相互衔接和位置关系，

---

[1] 由于在《汉画总录》的编辑方针中，将线描用于对图像的解释和补充，线描制作者的观点和认识会有助于读者理解，但也形成了一定的误导和局限，因此在无必要时，将逐步减少线描的数量，而把这个工作留待读者在研究时自行完成。

以及墓葬内的建筑信息，无法记录画像石上的墨线和色彩，对于非平面的、凸凹起伏的浮雕类画像砖石，也不能有效地记录其立体造型。不同拓片制作者以及每次制得的拓片都会有差异。使用拓片一个有意无意的后果是拓片代替原石成为研究的起点，影响了对画像石的感受和认知。拓片便利了研究的同时也限制了研究。只是有些画像砖石原件已失，仅存拓片，或者原石残损严重，记录画像砖石的拓片则为一种必要的方法。

照片对画像砖石的记录可以反映原件的质地和刻划方法、浮雕的凸凹起伏，能够记录砖石上的墨线和色彩，是高质量的图像记录中不可缺失的环节。线图可以着重、清晰地描绘物像的造型和轮廓，同时作为一种阐释的方法，可以展示、考察、记录研究者对图像的辨识和推证。采取线图、照片、拓片相结合的途径记录画像砖石，可相互取长补短，较为完备。

帛画、壁画和器物纹样一般采用照片和线图。

其他立体图像采用照片、三维计算机图形、平面图和各种推测性的复原图及局部线图。组合图与其他图表的使用，在多部组合关系明确的情况下，一般会给出组合图加以标明，用线描图呈现；在多部组合而关系不明确的情况下则或缺存疑。其他测绘图、剖面图、平面图以及相关列表等均根据需要，随着录列出，视为一种图解性质的"说明"。[2]

3. 图片说明

图片说明分为两个部分。其一是关于图片的基本信息，归入"4. 图像数据"中说明；其二是对于图像内容的描述。描述古代图像时，基于古今处在不同的观念体系中的这一个基本前提，采取不同方式判定图像。

3.1 尝试还原到当时的概念中给予解释[3]，在此方向下通常有两种途径。

3.1.1 检索古代文献中与图像对应的记载或描述，作出判定。但现存的问题，一是并非所有图像都能在文献中找到相应的记载或解释，即缺乏完备性；二是这种对应关系是人为赋予的，文献

---

[2] 根据编辑需要，在材料和技术允许的情况下，会给出部分组合关系图。由于编辑过程受到各种条件的限制，尽其努力也无法解决全卷缺少部分原石图、拓片、线图的情况，或者极个别原石尺寸不齐的情况，目前保持阙如，待今后在补遗卷中争取弥补。

[3] 任何方式中我们都不可能完全脱离今人的认识结构这一立足点，不可能清除解释过程中"我"的存在，难以避免以今人的观念结构去驾驭古代的概念。完全回到当时当地观念中去只是设想。解释策略决定了解释结果。在第一种方式中，我们的目的不是把自己置换到古人的处境中去体验，而是去认识古人所用概念及其间结构关系。

与图像并不存在必然的联系，且不同研究者可能作出不同的判断[4]；三是现存文献只是当时多种版本的一种，民间工匠制作画像石所依据的口述或文字版本未必与经过梳理的传世文献（多为正史、官方记录和知识分子的叙述）相符。

3.1.2 依据出土壁画上的题记、画像砖石上的榜题、器物上的铭文等出土文字材料，对相应图像作出判定，这种方式切近实况，能反映当时当地的用语，但是能找到对应题记的图像只占图像总体的一小部分。

3.2 在缺失文献的情况下，重构一种图像描述的方式——尽量类型化并具有明晰的公认性。如大量出现的独角兽，在尚不确定称其为"兕"还是"獬豸"时，便暂描述为独角兽，尽管现存汉代文献中可能无"独角兽"一词。同时，图像描述采取结构性方式，即先不做局部意义指定，而是在形状—形象—图画—幅面—建筑结构—地下地上关系—墓葬与生宅的关系—存世遗迹和佚失部分（黑箱）之间的关系等关系结构中，判定图像的性质或意义。尽管没有文字信息，图像在画面和墓葬中的位置和形相关系提供了考察其意义和功能的线索。

在实际图片说明中，上述两种方式往往并用。对图像的描述是在意识到这些问题的情况下展开的，部分指谓和用语延承了以往的研究，部分使用了新词，但都不代表对图像含义的最终判定，而只是一种描述。

4. 图像数据

图片的基本信息（诸如编号、尺寸、质地、时代、出土地、收藏单位等）实际上是图像数据库的一个简明提示。收入的汉画相关信息通过数据库的方式著录，其中包括画像石编号、拓片号、原石照片编号、原石尺寸[5]、画面尺寸、画面简述、时代、出土时间、征集时间、出土地[6]、收藏单位、原收藏号、原石状况（现状）、所属墓葬编号[7]、组合关系、著录与文献等项。文字、质地、色

[4] 关于此前题材判定和分类的方法和问题，参见盛磊《四川汉代画像题材类型问题研究》，北京大学艺术学系99级硕士毕业论文。

[5] 原石尺寸的单位均为厘米，书中不再标识。

[6] 出土与征集的区分以是否经过科学发掘为界，凡经正式发掘（无论考古报告发表与否）均记为出土，凡非正式发掘（即使有明确出土地点和位置）均记为征集。

[7] 所属墓葬因发掘批次和年代各异，故记为发掘时间加当时墓葬编号，如1981M3表示党家沟1981年发掘的第3号墓葬。

彩、制作者、订件人、所在位置、相关器物、鉴定意见、发现人中有可著录者，均在备注项中列出。画像石墓表包括墓葬所在地、时代、墓葬所处地理环境、封土情况、发现和清理发掘时间、墓向、墓葬形制、随葬器物、棺椁尸骨、画像石装置，发现人、发掘主持人也在备注项中注出。建立数据库的目的和价值在于对数据库中的所有记录进行检索、比较、统计、分析，以期达到研究的完备性和规范性。[8]

5. 文献目录

文献目录列出一个区域（指对汉画集中地区的归纳，如陕北、南阳、徐州、四川等，多根据汉画研究的分区，而非严格的行政区划）有关汉画内容的古文献、研究论著和论文索引，并附内容提要。在每件汉画著录中列专项注出其相关研究文献。

6. 索引

按主题词和关键词建立索引项，待全部工作结束之后，做成总索引。因为《汉画总录》的分卷编辑虽然是按现在保管地区为单位齐头并进，但各种图像材料基本按出土地点各归其所，所以地名部分不出分卷索引，只在总索引中另行编排。

朱青生

北京大学历史学系艺术史教研室

北京大学汉画研究所

2006 年 7 月 31 日

---

[8] 对于存在大量样本和繁杂信息的研究对象，数据库的应用是有效的。在考古类型学中，传统的制表耗费时力，且不便记忆和阅读，细碎的分类常有割裂有机整体之弊。《汉画总录》的设想是：（1）无论已有公论还是存疑的图像，一律不沿用旧有的命名及在此基础上的分类，而按一致的规范和方法记录；（2）扩大图像信息的范畴，全面记录相关要素，包括出土状况（发掘/清理/收集）、发现人、出土时间、出土地点及其所属古代区划、画像材质、尺寸、所属墓葬形制、画像位置、随葬器物及其位置、画像保存状况、铭文、已有断代、画像资料出处、相关图片、相关研究、收藏地等。图像则记录单位图像的位置及其间的组合情况；（3）利用数据库，按不同线索和层次对图像信息进行查询、检索，根据统计结果作出判断。

目　录

前　言

　　本卷为淮安卷，收录的图像皆为泗阳打鼓墩樊氏画像石墓出土。此墓共有画像石24块，雕刻画像50幅，目前有23块画像石保存于淮安市博物馆。这座墓葬由淮阴市博物馆和泗阳县图书馆于1976年6月清理，1992年发表发掘简报[1]。早期发掘报告简略，加上早期图像印刷不甚清晰，限制了学者对该墓葬出土画像石的研究，也导致这一图像丰富且具有重要意义的画像石墓在学术界未得到应有的重视。《汉画总录》淮安卷基于更全面地将这座墓葬的图像和相关信息进行系统公布的目的，在工作过程中也发现了一些比较有研究价值的现象以及在图像著录中没有提及的细节和思考，下面结合具体的观察进行介绍，也作为问题提出。

一、墓葬的地域性、建造与观看

　　虽然目前石刻保存在淮安市博物馆，但是打鼓墩樊氏画像石墓实际的发现地泗阳县屠园乡周庄（即今屠园镇）现为江苏省宿迁市宿城区下辖。始皇二十六年（公元前221年）置凌县，元鼎元年（公元前116年）初置泗阳县[2]。尤为值得注意的是，在地理位置上，与泗阳距离不远的泗洪县（曹庙画像石墓[3]）、泗县（洼张山汉画像石墓[4]）、睢宁县（九女墩汉画像石墓[5]）也有类似风格和雕刻技法的画像石出土，尤其是一些具体的造型形象非常接近。在行政区划上，目前泗洪县也属江苏省宿迁市下辖，而泗县目前则隶属于安徽省宿州市。所以，我们在对这一墓葬及相关图像进行研究的时候，应该将收藏地与画像石风格的地域关系整体地穿透来看。按照东汉时期的地理区划，这几个地方在当时同属下邳国的范围，所以，在探讨泗阳打鼓墩樊氏画像石墓的时候，其实首先是将这座墓与周边几座风格类似的墓葬放在一起考虑，并在此基础上思考同类墓葬在建造时工匠流布、石料的使用、线刻方法的视觉感受等方面的问题。

---

　　[1] 尹增淮：《江苏泗阳打鼓墩樊氏画像石墓》，《考古》1992年第9期，第811-830页。

　　[2] 泗阳县地方志编纂委员会：《泗阳县志》，南京：江苏人民出版社，1995年，第11页。

　　[3] 江苏省泗洪县文化馆：《泗洪县曹庄发现一批汉画象石》，《文物》1975年第3期，第76页；尹增淮、江枫：《江苏泗洪曹庙出土的东汉画像石》，《文物》2010年第6期，第66-74页。两批石刻分别保存在南京博物院和泗洪县博物馆。

　　[4] 原墓未有正式的考古报告发表。目前洼张山汉墓出土画像石收藏于泗县博物馆。

　　[5] 李鉴昭：《江苏睢宁九女墩汉墓清理简报》，《考古通讯》1955年第2期，第31-33页；梁勇：《徐州睢宁九女墩汉画像石墓2015年研究报告》，载《中国汉画研究》（第五卷），桂林：广西师范大学出版社，2016年，第48-65页。目前石刻收藏于徐州汉画像石艺术馆。

首先是石料的选择。要实现类似于这几座墓葬的线刻效果，要求石料相对致密坚实，目测打鼓墩墓所用石料与泗洪曹庙墓、泗县洼张山墓比较接近。三座墓葬出土相对位置的直线距离不远，打鼓墩墓与曹庙墓直线距离仅10公里左右，洼张山墓略远。这类线刻技法的使用范围、线刻形式画像石的流传，会受到当地墓葬石料质地的制约；但事实上，在这个距离上去追溯石刻的来源问题，应该可以对汉代墓葬建造时所用石材的产地以及石材在短距离上的运输方式进行追索。

　　其次是画像石墓建造工序。画像石墓葬建造存在的预制现象，以及市场化的程度与形式，是近年汉画学界研究的热点之一。像打鼓墩这类图像满布墓室内的情况，更加需要建造者事先具有完备的计划。每块石头作为墓葬建筑的构件，其上的图像在整体的正侧两面的两组画面中占有特定的位置，如果仅仅将画面作为建筑构件上的装饰，在施工过程中摆放位置相对随机，那么研究其画面内容的组合关系与内涵就会变得没有意义，甚至会产生误导。如果我们把现在汉墓壁画和画像石画像砖所显现的图像结构（也就是在图法学中的7层图像构成逻辑中第6"幅面"和第7"单位整体"之间的关系，详见下文）作为当时汉代人的精神世界和宇宙观念的一个完备的呈现，是非常冒险的。因为在文献（语言文字材料）中所能构建的人的精神世界，是可以随意安置"准确"的方位，对于何为中心与边缘，何为上下，何为主导与辅弼，何为装饰与填充，都有严格清晰的秩序和等级观念，但是一旦进入图画就有变动。如果再要把这个图画放到宫室建筑里，就要有"适合性修改"，这种"适合性修改"既不能违背实体建筑的功能和可能，又与建筑本身的空间和时间（被观看和遮蔽的流变过程）发生互动关系。再进一步，放在墓葬中，事情就发生了很大的变化，因为墓葬受到了建筑力学和材料的限制，其空间受到强度压缩，图像只允许出现在可以留给图画的位置，所以必须首先适合墓葬本身的建筑结构。具体到打鼓墩墓，本次工作也尝试利用线图对墓内画面组合进行了复原，但是确实未在其中发现较为明确的排布规律，所以至少不能排除图画随机摆放的可能性。

　　最后是对线刻画像石的观看。此类线刻画像石从现存的直观效果而言，往往较难辨识，有些即便用拓片再现（如诸城前凉台墓），也会模糊不清。因此曾有学者针对此类画像石的镌刻提出究竟是"给谁看"的问题；另有学者认为，其线刻之后应有彩绘，只是已脱落无痕。此次著录的打鼓墩墓也存在类似情况，细密的线刻浮雕目前在露天环境下已不易辨识，若放置在光线昏暗的墓室内，就更难分辨了。因此，究竟此类画像石的目的是给墓主建造一个虚拟的地下世界，还是显示生者的孝行，抑或与随葬品及墓室空间（如打鼓墩的画像集中于中室）构成一种有意义的结构关系，都有待更深入的思考。

上述的问题每一项都可在具体的专题研究背景下展开单独分析，但更值得注意的是，这些特点的综合实质上也反映出该画像石墓与周边其他画像石墓的联系与差异。上面的几个问题皆关涉到汉代画像石的工匠系统。从实际看到的情况来看，当时的工匠系统流动性应该是很大的，这带来了雕刻技法和风格在多地的穿插交织。但无论是由当地还是外地的工匠来承担工作，都会受到当地石材和造墓理念的限制，也牵涉到当时的经济情况、墓主投资多少、工程的进度和实施能力之间的关系等这些社会与人类学的问题。这一部分要在未来进行较为深入的考证，目前也只是针对现象提出了疑问。

二、墓葬图像细节的发现

泗阳打鼓墩樊氏墓画像石的雕刻，在技法上属于"剔地线刻"形式，画面内容涉及的题材广泛，不仅包含神人神兽，也有历史人物、故事，以及多种图案纹样；在画面造型上倾向于形象的装饰化，并显示出比较成熟的风格；而在组合关系方面，则没有采用汉画像石常见的上下分格、左右分栏的排布，而是用多石堆叠的形式，围绕墓内中室四周展开。从整体的排布上看，其中似乎存在一定的叙事逻辑，本次工作也对图像的细节进行了细致的观察，下面选择两点较为有价值的进行说明。

（一）尧舜故事的发现

由于打鼓墩墓的图像在人物部分具有一定的叙事性，所以在原始的发掘报告和后来的一些研究中，往往为画面拟定了历史故事相关的名称，如编号JS-HA-01-11(2)定名为"萧史吹箫图"，JS-HA-01-23(1)定名为"皋陶治狱图"，JS-HA-01-21(2)定名为"萧何月下追韩信"，JS-HA-01-22(2)定名为"荆轲刺秦"，等等。这些定名应该都是研究者用画面中的局部形象或器物与历史故事去拼对所得出。以荆轲刺秦一图为例，与画像石中常见的荆轲刺秦图像不同，画面中间虽然有柱子和刺穿柱子的刀，但图像整体并没有营造出紧张的氛围和叙事感，因此是否为"荆轲刺秦"还有待更进一步的研究。较为值得一提的是，在此次工作中，对于JS-HA-01-23(2)一石应为尧舜故事的辨识是较为可信的判断，相关的详细研究已经发表在《形象史学》上[6]。

（二）关于绶带的问题

汉代流行佩绶，《汉官仪》中载："绶者，有所承受也，所以别尊卑，彰有德也。"但对于绶如何系佩，未有直接具体详细的记载，所幸可以从一些汉代艺术形象上看到佩绶的状况。萧亢达[7]、王方[8]有文章从文献角度论及汉代的印绶制度；近年来，邢义田先生结合汉代图像，着力于对汉代印绶的佩戴及制度方面的研究，并有《从制度的"可视性"谈汉代的印绶和鞶囊》发表[9]，文章对汉代图像中的印绶佩戴进行了全面的梳理，但是由于打鼓墩画像石墓的发表状况不佳而未能用到这个墓葬相关的材料。在此次的著录过程中，我们发现泗阳打鼓墩墓展示了两种状态下的绶，一种为在衮中存放时的摆放状态［见JS-HA-01-23(2)］，另一种为佩戴时的状态，绶带皆从颈部开始系，悬于腰间［见JS-HA-01-04(1)］。这两种情况与以往画像石、陶俑的佩绶方式有所不同，在淮安地区则有较为清晰的体现，为汉代佩绶制度与绶带佩戴方式的研究提供了新的材料和思路。

三、打鼓墩画像石墓的理论启示

淮安墓关键的学术问题在图义学和图用学上。这座墓葬揭示了一个重要的理论意义，就是在图义学中，图像是在不完整的图像（意义）逻辑中，利用关键形象（如关键词）"跳跃地"表达意义。图像的"跳跃地"表达显示了图像表达意义具有与语言不同的融会和变通能力（功用），以尧舜图［编号JS-HA-01-23(2)］为例，在以《史记》为代表的文献史籍中，尧舜之间的故事先有"嫁女"，后有"禅让"，两个事件存在明显的时间先后关系。但在此次发现的画面中，尧舜前面禅

---

[6] 刘冠、徐呈瑞、郑亚萌、陈佳星：《传播与叙述——对打鼓墩樊氏墓和曹庙祝圲汉画像石的几点认识》，《形象史学》2021年第3期，第167—187页。

[7] 萧亢达：《汉代印绶制度与随葬官印问题》，载广州市文物考古研究所编《广州文物考古集》，北京：文物出版社，1998年，第29—65页。

[8] 王方：《徐州北洞山汉墓陶俑佩绶考——兼论秦汉印绶之制》，《中国国家博物馆馆刊》2015年第8期，第32—43页。

[9] 邢义田：《今尘集：秦汉时代的简牍、画像与文化流播》卷三，台北：联经出版事业股份有限公司，2021年5月。

让，后面嫁女，"禅让"和"嫁女"在图像逻辑中出现了混乱和交杂。

根据由"形象"构成的叙事"图画"，如果身后是两个妇女，就和嫁女有关；如果身后是两个官吏，就和禅让有关。考证皆可在其他同时、前后的不同案例与图像载体（镜子）上获得证据。由于舜身后两个形象的性别无法分辨，只能借助其他辅助的形象继续求解。既然在尧舜之间用了绶带，当与禅让有关；既然用合欢树喻指夫妇的关系，以鸟巢喻指家庭的传承生育，当与嫁女有关。所以"禅让"和"嫁女"两个意义可能就发生了穿插。如果在这个图像（图画）上，这样的穿插其实并不是一种无意和误解，而是在呈现和展示意义的过程中间省略了各自的图像逻辑过渡，这就是图像语义——图义学的一种规律：一种跳跃性的转折和合并。不需要完整地呈现图画的意义，观者只要认出这几个关键图像，在形象上确认了意义，各个图像之间的意义便可以由自己内在的、记忆的逻辑和叙事来对这个问题进行补充，形成全面理解。所以对于形相学来说，这样的图揭示了，图像本身从"形象"到"图画"是分隔的，而且是可以随意制作、排列和省略形象互相之间的连接关系的，之间有可能会出现跳转、颠倒、缺位和混乱的情况。

如果将这个形相学原则做成一个标志或者广告，里面所有的因素并不是互相之间都具有图像逻辑，发生叙事关系，而是具有关键图像的独立表述关系，表述关系之间同时呈现时，不是以它的现象的关联性，而是它的意义可能被观众（接受者）理解就获得了成立。这就是我们强调的理论：形象和画面之间可以跳跃，并不是成为画面的都是（叙事）图画，有时候只是一种形象的集成拼合。

在研究图像的图法学的7层结构中，在第4层"形象"和第5层"图画"中间就出现了一种新的状况：看起来像图画，但不一定是一个完整的图画，更不一定是一个完全叙事的图画，图像中各个形象在一起只是一种"铺陈"关系。不能勉强地把一件图像作品解释成一个完整的故事，而是要看到其中每一个形象自身的意义，然后再结合同时铺陈的其他形象，建立多层多种意义解释。

在汉代图像的研究中，我们注意到图像中包含"图法"（形相逻辑）之意义。图法有许多不同的内涵，其中图像构成逻辑（图像分层）指的是，任何图像在不同的结构层次上，作用和功能不完全一样，需要根据各自在图法的图像逻辑中的层次来理解图像在此的作用。图像从一条有意刻画的"线条"到勾画的"形状"和"图形"，从描绘对象的"形象"到表达意义的图画及其组合铺排，再到墓葬的整体，分出不同的层次，每一个层次中的图像元素一般由低一个层次的图像元素构成。从图学（形相学）的原理上将图像的构成逻辑分为7层：1.线条；2.形状；3.图形；4.形象；

5.图画；6.幅面；7.构成（一个单体作品/此处为墓葬的全部图像，再往上就超出图像，到达"装置"甚至"观念"层次，二者均超出图像范围，成为形相学中更高一层的关系）。图法应该是脱离意义能够单独成立的"法"则。如果把图像的内涵介入到图法中去，这时的图法就已经不是纯粹的图法，而是在某种特定的状态和观察中形成的"意义"。只有在这种被高度抽象化的结构作用成为某种规则时，其间的结构才能从独立显示为规则，不与具体的意义相关联，所以只是纯粹从图像形式问题着眼进行考察和分析，属于纯形式的结构。在这个前提之下，不考虑图像所承载的意义，所以与图像志、图像学即对图像本身的含义解释不在同一问题意识之内。

按此规律，第4层"形象"是由图形构成的，具有特指的识别意义的图像因素。（形相逻辑次序上是由第3层"图形"构成，"并且"也包含了第2层"形状"和第1层"线条"。）《汉画总录》著录的术语主要发生在"形象"的范畴，形象可以单独或组合构成"图画"，图画已经是一个主题和题材的图像因素。术语（标识词）只负责局部，不负责整体。而第5层"图画"是由形象构成的具有主题和题材（具有叙事和情节的故事）的图像因素。所以在已经发现了尧舜的形象、（合欢）树和鸟巢、绶带和两个辅助人物的形象之后，理应将它们互相之间的关系解释成"一幅"完整的叙事图画，然而却解释不通，画面与故事（叙事内容）不协调、不相容。到底是画"错"了呢，还是应该对这样的问题的理解进行反省和批判呢？

作为图像逻辑的一般规律，这一层逻辑是不错的，所以我们在做图像学研究的时候，经常到了这个层次，就会根据认出的具体的形象甚至是局部的实物形象（如服饰道具），找到与之对应的文献和当时通行的思想内容，去确认这个图画的意义并对之解释，这就是我们过去在研究的时候遵循的一般规律。但是这一次在做打鼓墩汉墓壁画研究时，我们发现了这个新的问题：作为一幅图，图画中形象之间的关系并不完全按照叙事意义来构成，而是每一个形象似乎各自（或成组）单独表述，虽然在形式上构成了图画，但在意义上却不能自洽地构成这个图画的原本的意义（说不通），看似一幅图画，其实中间有交叉，甚至含有矛盾的多重意义。这实际上就使得图像与文学和文字的叙述具有了巨大的差别，只要点出几个图像，观者就能够理解它的意义，甚至能够自动地生成关于它的意义的全部解释，而并不是在图像中找出叙事所需的全部关联逻辑因素。所以，图画是不是一个叙事的图画，不取决于图画的完整性，而是取决于形象的出现和铺排。这个问题就在打鼓墩汉墓研究中产生了新的规律：一幅图画虽然由形象构成，但并不一定具有叙事图画的结果，形象和图画之间的图画构成逻辑经常是跳跃的，是多重意义同时性的呈现，这也是图法和语法的差异之处。

在"形象"和"图画"之间的这种逻辑上的问题继续引发了一个更为广泛的问题，这就是图像构成逻辑的第3层次"幅面"与单幅的"图画"之间的关系。幅面由一壁诸幅图画构成，如前壁、后壁；或称"铺"，即不完全占取整个一块壁面的一个以上的"图画"，或者是由一个以上"单一主题的图像单位"所组成的图像。幅面是在图像形式关系（构成逻辑）中互相关联的画面组合，这些画面的内容（意义）可以有关联，也可以没有关联；可以具备各种不同的图性[10]，同样性质的图像并列在一起，具有构成的形式意志（绝不是偶然地放在一起，而必须是能够放在一起，或者允许放在一起），也可以是偶然地摆放（由于条件和位置的偶然性而被聚集）。在这种情况下，既有像形象和图画之间的关系这样跳跃、多重意义的状况，还有由于图像性质（图性）的不同而共同并置时，具有更加复杂的组合关系和意义关联的图法。

进而，对于作为一个单位的整体图像构成，一座墓葬如打鼓墩汉墓，或一个教堂、神庙、会场的全部图像是由一个以上的"画幅"和"幅面"，或者"壁面"和"铺"组成的，必须考虑图像本身的性质和允许与禁忌之逻辑规范。

再与观者的素质和文化背景、性格、心态相结合，与当下信息相结合，在这种结合中，我们可以有意地在当时的条件之下获得对图像完整的、引申的理解，形象可以停留在像图画一样的"形象集成"中获得另一种表达。由此，虱轮现象[11]就有了有意利用和不断创造的结果。

这也同时说明，形象被放置在一起未必是有意义的关联，跳转、对应的形象未必没有关联，这就是我们在沂南墓中发现的汉墓中的图及其意义结合图性的"穿插问题"，就像三股扭编在一起

---

[10] "画幅"可以考虑"图性"图像本身的性质（"三条半"）。如果"图性"不同，计入形相逻辑的结构和显现的方式就不大相同。另文论述。

[11] 虱轮现象指人对图像的理解，是心像（图类之一）作用下对部分"观看对象"的格式塔处理。这种格式塔不一定趋向真实，而是趋向心像所指。如果"觉得一个东西像什么"，就会越来越觉得像，这是心理学的通常现象，但是在图像解释中，如何建立对理解的差异性和主观性的解释至关重要。语出《列子·汤问》："纪昌者，学射于飞卫。飞卫曰：'尔先学不瞬，而后可言射矣。'纪昌归，偃卧其妻之机下，以目承牵挺。二年之后，虽锥末倒眦，而不瞬也。以告飞卫。飞卫曰：'未也，必学视而后可。视小如大，视微如著，而后告我。'昌以牦悬虱于牖，南面而望之。旬日之间，浸大也；三年之后，如车轮焉。以睹余物，皆丘山也。乃以燕角之弧、朔蓬之簳射之，贯虱之心，而悬不绝。以告飞卫。飞卫高蹈拊膺曰：'汝得之矣！'"

的发辫，意义的解释是依靠观者的知识去补充和引申的。

另外，墓葬中的图像还在闭藏封闭之后（除极少的例证之外），被假设为墓主死后的另一个世界，并且这个世界与现实生活世界隔绝。墓葬中的图像当然又被看成神圣和神秘的所在，不仅可以想象其非现实的状态，也就是会对所谓的理想境界或者神鬼世界进行人为的设计，而且会针对现实进行超现实的补充，也就是把自己（墓主本人及其造墓者）在现实世界中未能实现的理想，夸张地、充分地、完整地呈现在墓葬之中，所以墓葬中的世界虽然总体上具有"大象其生"的诉求，但是并不能看成现代生活的虚拟的镜像，而是对精神世界和宇宙观念的一种想象。这些想象受到了墓葬空间和石材的高度的限制，虽不能够完整和充分地体现，但毕竟是一种体现。这种图像的图义学悖论是我们解释汉画的方法论基础。

以上为在整个图像著录工作过程中发现的相关细节问题和理论方面的提示，下面再对具体的工作情况进行说明。本次的工作主要对墓葬出土的所有原石进行重新拍摄、拓印和线描，下面分别就三方面的工作做一些介绍：

1. 在原石拍摄方面，尽量使用高像素的相机进行拍摄，并在排版时对非常重要的细节进行了原大照排。本次除拍摄外，还采用三维扫描和微痕拍照技术，对墓葬进行了图像采集，所以在《汉画总录》的纸本出版之外，还将进行墓葬的数字虚拟复原和用于计算艺术史的实验。

2. 在拓片选择方面，虽然本次工作也重新对每一块画像石进行了捶拓，但由于石刻保存状况等因素，部分细节在早期拓片上更加完整，图像也更清晰，因此此次出版是将早期拓片与本次拓片进行对比后，选择清晰度和完整度更高的拓片在书中进行呈现。

3. 在线描方面，由于打鼓墩画像石自身的线刻较浅的特点，原石和拓片都难以清晰地呈现石刻上的形象，所以自发掘以来未得到很好的发表，限制了研究者对这一重要画像石墓及其图像的利用和研究。本次工作对该墓所有现存的画像石的图像部分进行了细致的线描，经过反复核对原石和拓片，并结合微痕扫描，对一些较为模糊的细节进行了补正。

北京大学汉画研究所
2021年10月

红色框标注原石局部

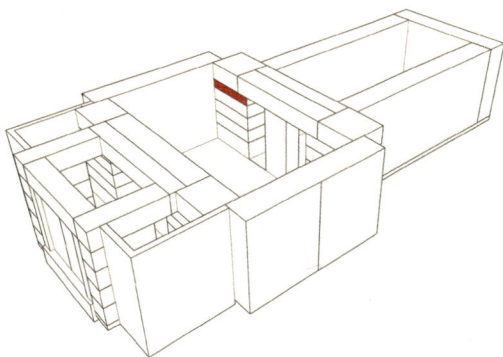

编号	JS-HA-01-14(1)
时代	东汉
出土/征集地	泗阳打鼓墩画像石墓
出土/征集时间	1976年
原石尺寸	22×123×62
质地	石灰质青石
原石情况	原石呈长方形，四角皆有残损，上、左、后面呈毛石状。
组合关系	中室北壁西侧第一石
画面简述	此图为剔地浅浮雕阴线刻。画面原称"嘉禾灵瑞图"，实则填刻云气纹。画面上、下边有框。
著录与文献	尹增淮：《江苏泗阳打鼓墩樊氏画像石墓》，《考古》1992年第9期，第817页。
收藏单位	淮安市博物馆

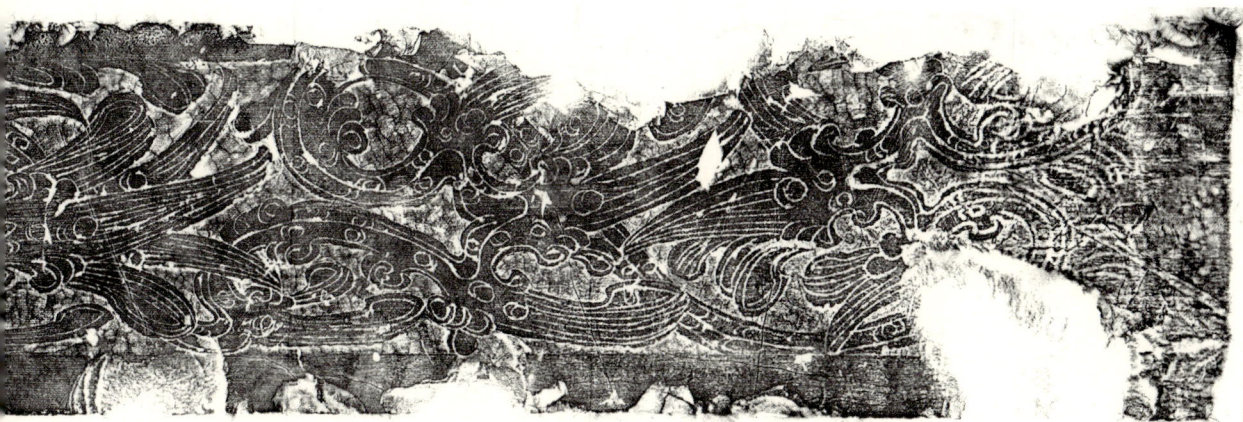

JS-HA-01-14(1)拓片

JS-HA-01-14(1)线描

JS-HA-01-14(1) 原石局部

JS-HA-01-14(1)原石局部

红色框标注原石局部

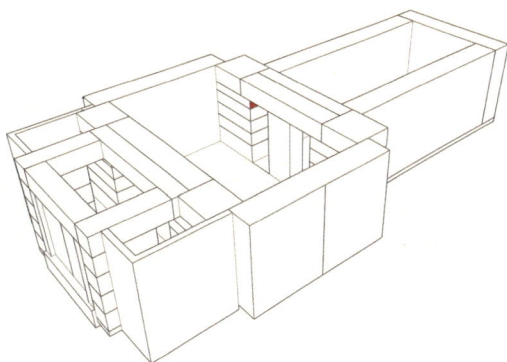

编号	JS-HA-01-14(2)
时代	东汉
出土/征集地	泗阳打鼓墩画像石墓
出土/征集时间	1976年
原石尺寸	22×62×123
质地	石灰质青石
原石情况	原石呈长方形，基本完整，上、右、后面呈毛石状。
组合关系	中室北壁西侧第一石侧面
画面简述	此图为剔地浅浮雕阴线刻。画面左侧一鹿，圆耳短尾，身饰圆点纹，肩生羽翼，右向奔跑，回首左望，其身下一带状物不明；右侧一虎，张口露齿，肩生羽翼，长尾卷扬，左向奔走。画面空白处填刻云气纹补白。画面上、下、左边有框。
著录与文献	尹增淮：《江苏泗阳打鼓墩樊氏画像石墓》，《考古》1992年第9期，第815页，图4-3，第816页，图5-2。
收藏单位	淮安市博物馆

JS-HA-01-14(2)拓片

JS-HA-01-14(2)线描

JS-HA-01-14(2)原石局部

JS-HA-01-14(2)原石局部

编号	JS-HA-01-15(1)
时代	东汉
出土/征集地	泗阳打鼓墩画像石墓
出土/征集时间	1976年
原石尺寸	27×117.5×65.5
质地	石灰质青石
原石情况	原石呈长方形、上、下、右边皆有残损，上、左、后面呈毛石状。
组合关系	中室北壁西侧第二石
画面简述	此图为剔地浅浮雕阴线刻。画面原称"青龙白虎图"。画面左侧一鹿，圆耳短尾，身饰圆圈纹，肩生羽翼，左向奔走；其身后一凤鸟，口衔一树叶状物（一说为丹丸），展翅，面左而立；其右一虎，头部残损，肩生羽翼，身披斑纹，长尾卷扬，左向奔走，其右下方一兔；再右一龙，张口露齿，肩生羽翼，长尾卷扬，身披鳞纹，引颈，左向奔走，其身下一鱼左行。画面下方有山峦，空白处填刻云气纹补白。画面四周有框。
著录与文献	尹增淮：《江苏泗阳打鼓墩樊氏画像石墓》，《考古》1992年第9期，第820页，图9-2。
收藏单位	淮安市博物馆

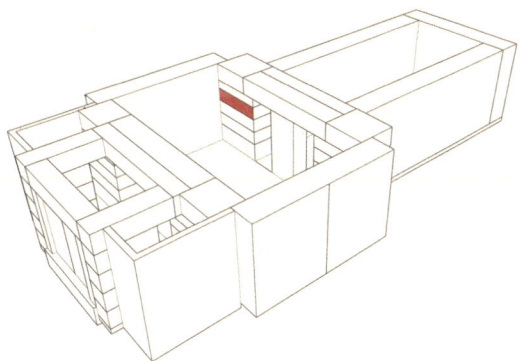

红色框标注原石局部

JS-HA-01-15(1)拓片

JS-HA-01-15(1)线描

JS-HA-01-15(1)原石局部

JS-HA-01-15(1)原石局部

JS-HA-01-15(1)原石局部

JS-HA-01-15(1)原石局部

JS-HA-01-15(1)原石局部

红色框标注原石局部

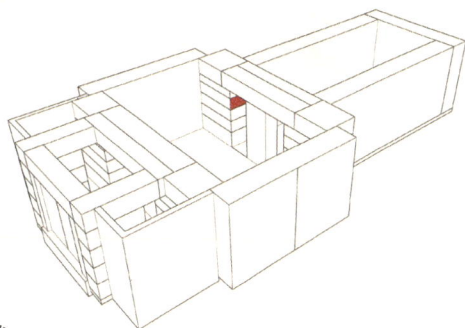

编号	JS-HA-01-15(2)
时代	东汉
出土/征集地	泗阳打鼓墩画像石墓
出土/征集时间	1976年
原石尺寸	27×65.5×117.5
质地	石灰质青石
原石情况	原石呈长方形，右侧残，上、右、后面呈毛石状。
组合关系	中室北壁西侧第二石侧面
画面简述	此图为剔地浅浮雕阴线刻。画面右侧残损，其余部分填刻云气纹。画面上、下、左三边有框。
著录与文献	尹增淮：《江苏泗阳打鼓墩樊氏画像石墓》，《考古》1992年第9期，第822页。
收藏单位	淮安市博物馆

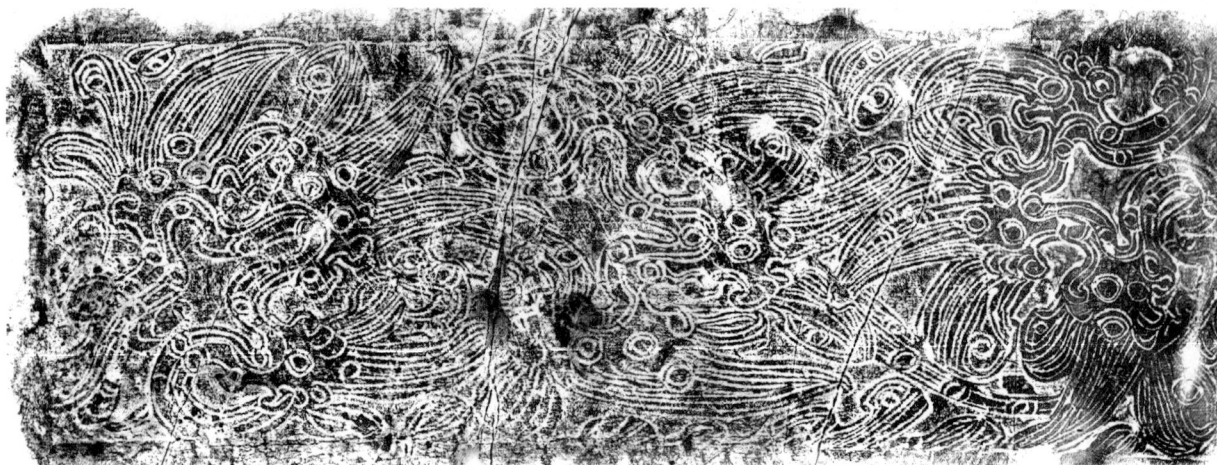

JS-HA-01-15(2)拓片

JS-HA-01-15(2)线描

JS-HA-01-15(2)原石局部

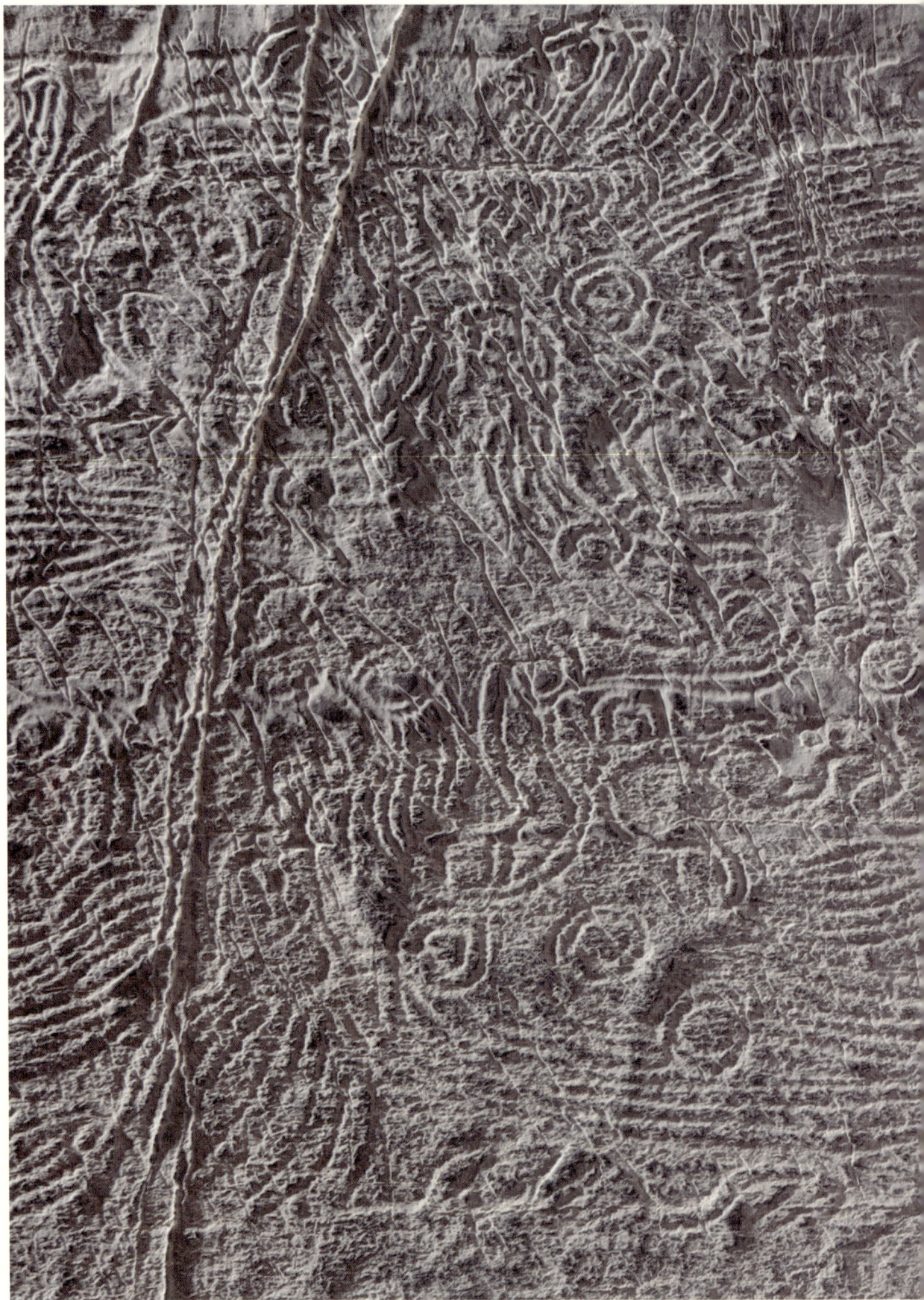

JS-HA-01-15(2) 原石局部

红色框标注原石局部

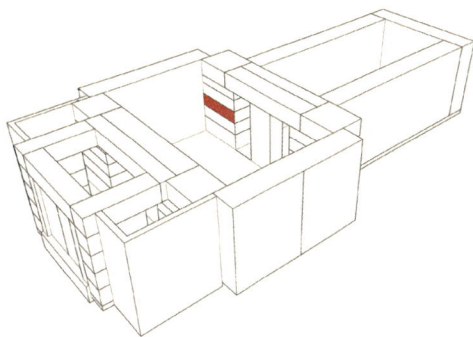

编号	JS-HA-01-16(1)
时代	东汉
出土/征集地	泗阳打鼓墩画像石墓
出土/征集时间	1976年
原石尺寸	27.5×119×68
质地	石灰质青石
原石情况	原石呈长方形，上、下、左边有残损，上、左、后面呈毛石状。
组合关系	中室北壁西侧第三石
画面简述	此图为剔地浅浮雕阴线刻。画面原称"嘉禾图"，实则填刻云气纹。画面上、下、右三边有框。
著录与文献	尹增淮：《江苏泗阳打鼓墩樊氏画像石墓》，《考古》1992年第9期，第817页。
收藏单位	淮安市博物馆

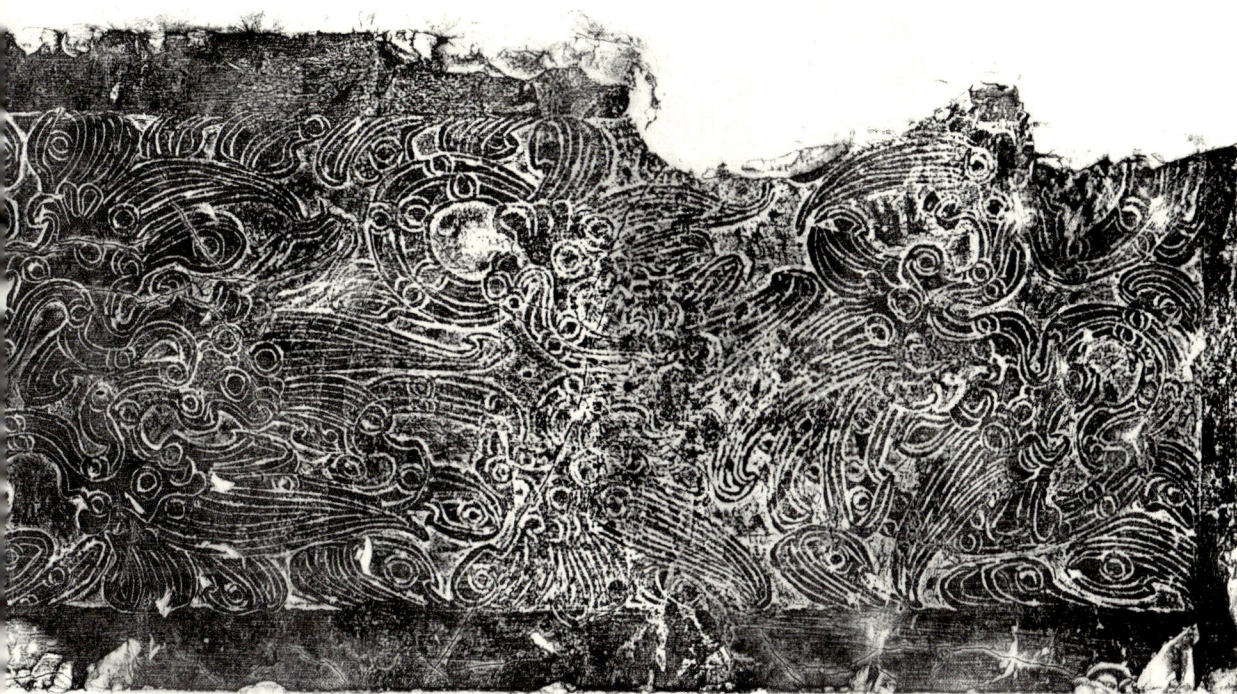

JS-HA-01-16(1)拓片

JS-HA-01-16(1)线描

JS-HA-01-16(1)原石局部

JS-HA-01-16(1) 原石局部

JS-HA-01-16(1)原石局部

红色框标注原石局部

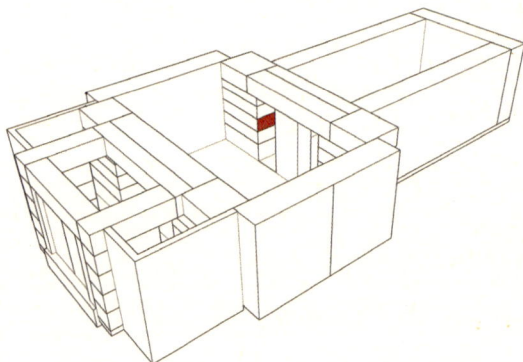

编号	JS-HA-01-16(2)
时代	东汉
出土/征集地	泗阳打鼓墩画像石墓
出土/征集时间	1976年
原石尺寸	27.5×68×119
质地	石灰质青石
原石情况	原石呈长方形，下边有残损，右侧残，上、右、后面呈毛石状。
组合关系	中室北壁西侧第三石侧面
画面简述	此图为剔地浅浮雕阴线刻。画面原称"骑吏图"，主体为二骑，骑吏皆戴冠着袍，左向而行，其中，右侧骑吏戴进贤冠，颔下有长须。画面右端一人，戴武弁，着及足长袍，捧盾面左而立。画面上方空白处填刻云气纹补白，下方空白处填刻植物。上、下、左三边有框。
著录与文献	尹增淮：《江苏泗阳打鼓墩樊氏画像石墓》，《考古》1992年第9期，第815页，图4-4。
收藏单位	淮安市博物馆

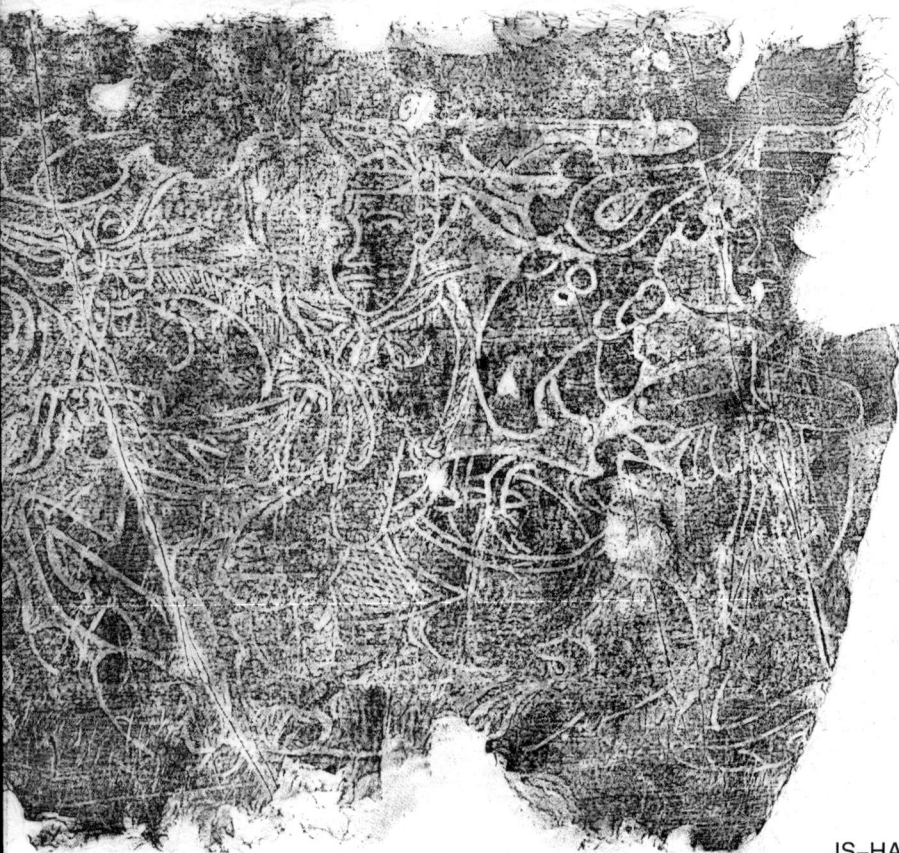

JS-HA-01-16(2)拓片

JS-HA-01-16(2)线描

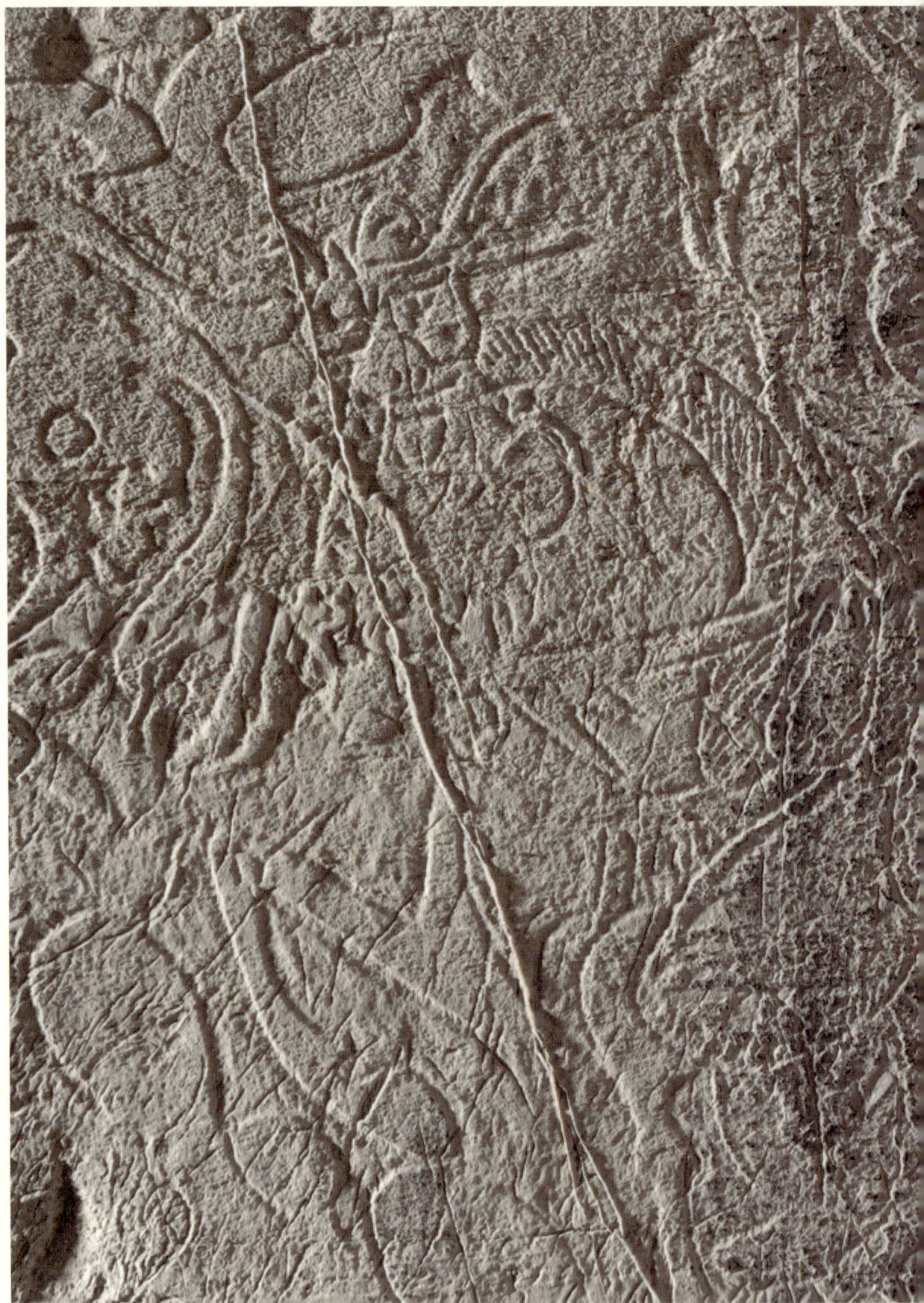

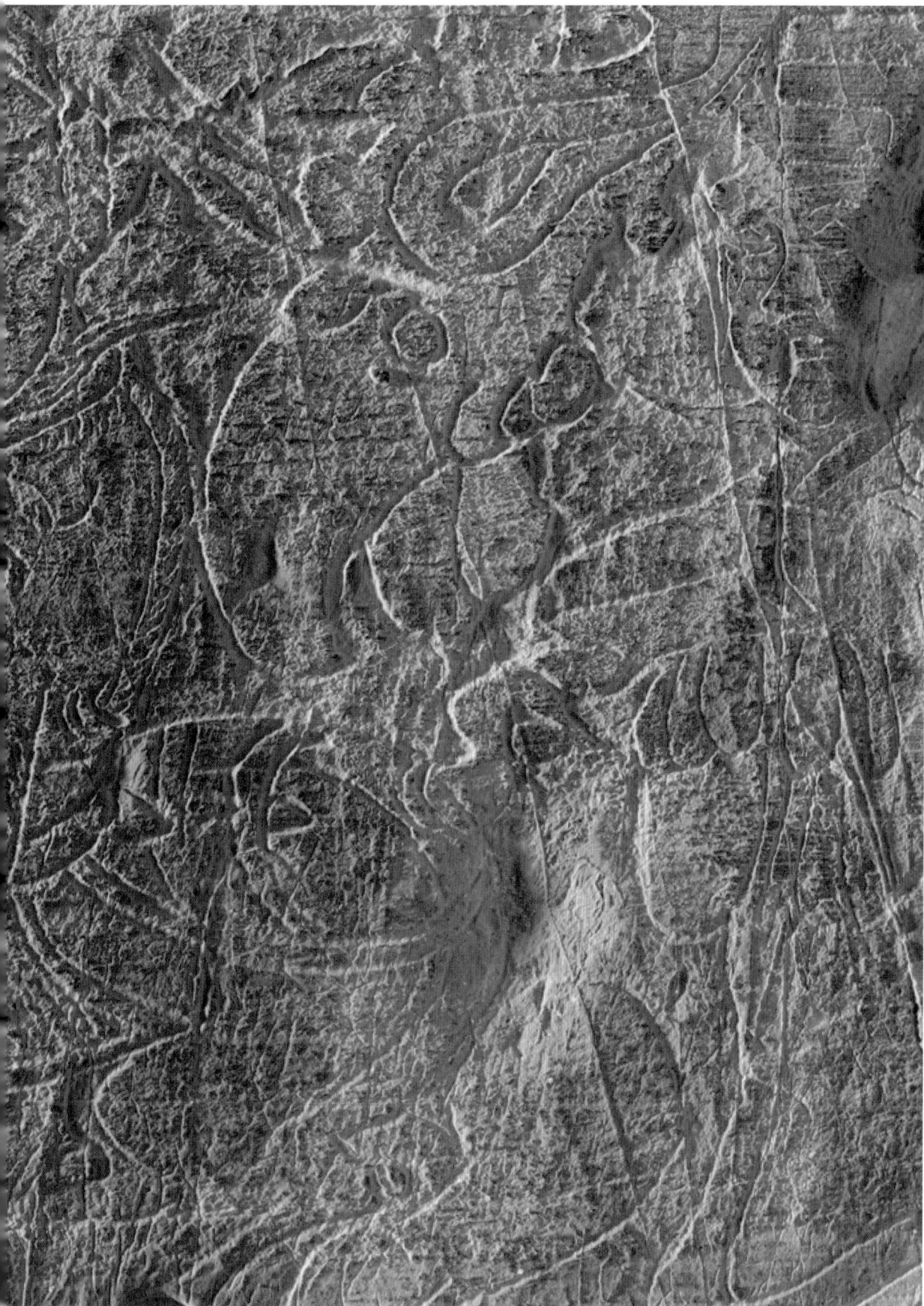

JS-HA-01-16(2)原石局部

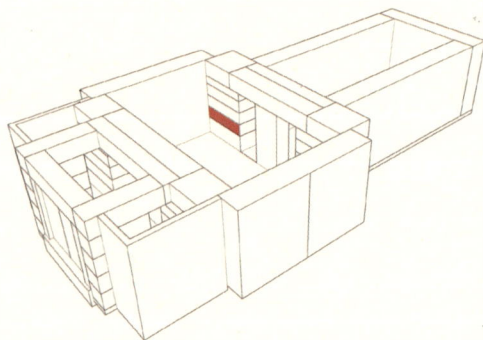

编号	JS-HA-01-17(1)
时代	东汉
出土/征集地	泗阳打鼓墩画像石墓
出土/征集时间	1976年
原石尺寸	28.5×117×67
质地	石灰质青石
原石情况	原石呈长方形，右侧残，上、左、后面呈毛石状。
组合关系	中室北壁西侧第四石
画面简述	此图为剔地浅浮雕阴线刻。画面原称"墓主与僚属图"，共刻十一人，皆着施缘及足长袍。画面左起第一人戴进贤冠（？），冠后可见飘带，一手举笏，一手抬起，面右而立；第二人有须，戴武弁（？），腰间垂带，带末端呈钩卷状，手持一羽毛状物（麈尾？），面左而立，

似与左侧之人交谈；第三人有须，戴进贤冠（？），头后可见飘带，面左拱手而立；第四人戴冠，腰间垂带，带末端呈钩卷状，面右拱手躬身而立；第五人戴帻（？），鼻部凿有麻点（似表现人物特征），双手捧笏，腰间垂带，带末端呈钩卷状，正面端坐于榻上，榻侧面饰菱形纹；第六人戴介帻，持钩镶，钩镶盾牌部分凿刻麻点，面左而立；第七人至第十一人皆戴冠，其中第八人至第十人冠后可见飘带，面左而立，其中第九人持羽毛状物（麈尾？），第十一人拱手，其余皆持笏。从第二人起，各人物间预刻题榜，皆空白未刻榜题。画面四周有框。

著录与文献　尹增淮：《江苏泗阳打鼓墩樊氏画像石墓》，《考古》1992年第9期，第817页，图6-1；王滢：《山东江苏汉画像石榜题研究》，载朱青生主编：《中国汉画学会第九届年会论文集》（上），北京：中国社会出版社，2004年，第401页。

红色框标注原石局部

收藏单位　淮安市博物馆

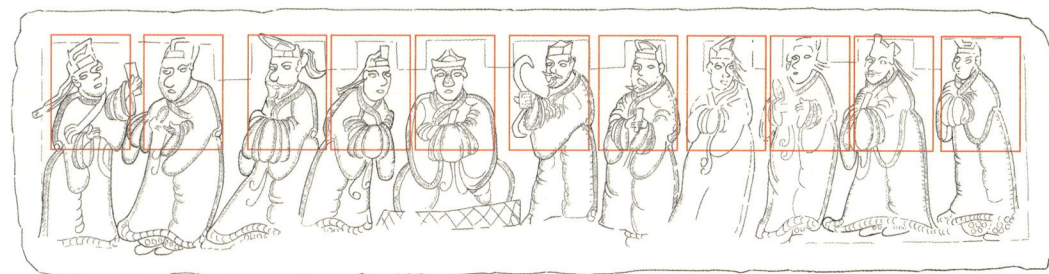

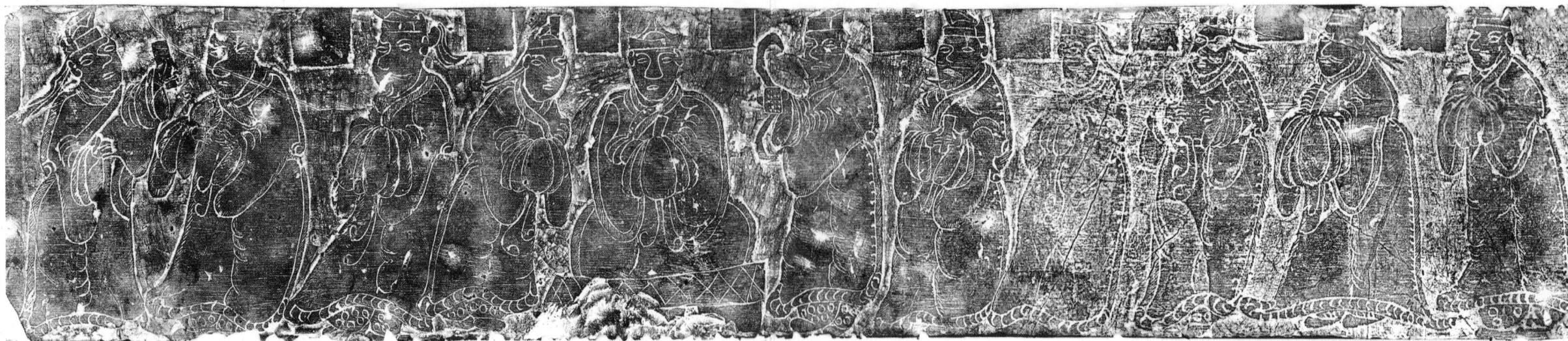

JS-HA-01-17(1)拓片

JS-HA-01-17(1)线描

JS-HA-01-17(1)原石局部

JS-HA-01-17(1)原石局部

JS-HA-01-17(1) 原石局部

JS-HA-01-17(1)原石局部

JS-HA-01-17(1)原石局部

JS-HA-01-17(1)原石局部

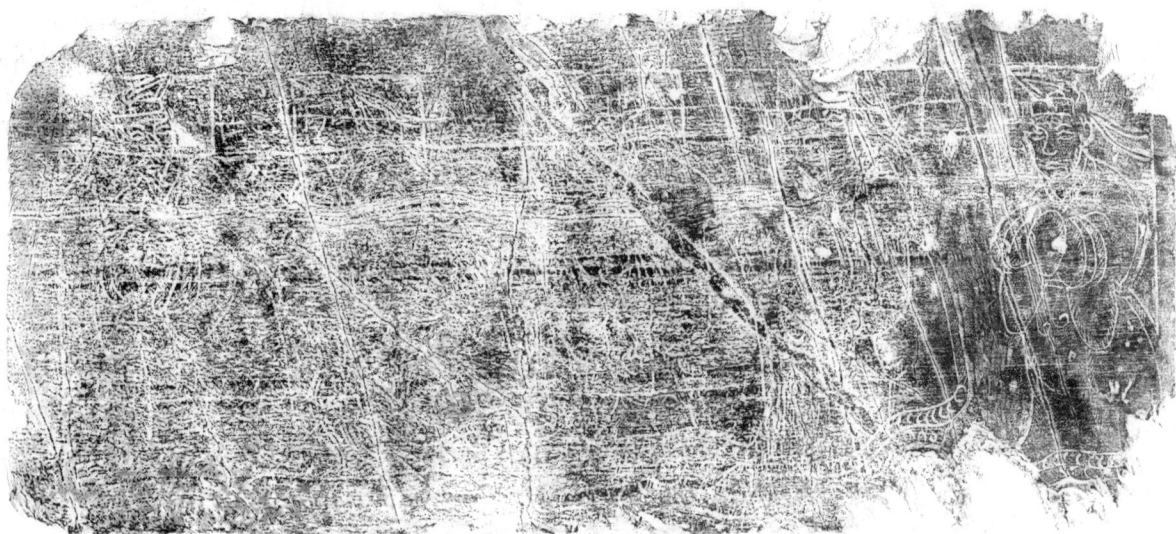

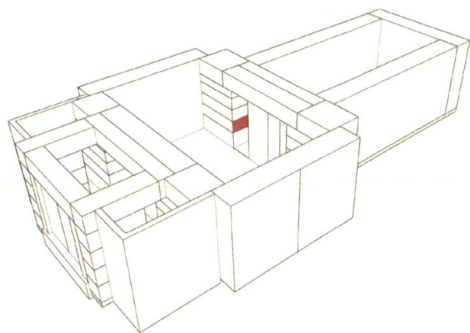

编号　　　JS-HA-01-17(2)

时代　　　东汉

出土/征集地　泗阳打鼓墩画像石墓

出土/征集时间　1976年

原石尺寸　28.5×67×117

质地　　　石灰质青石

原石情况　原石呈长方形，右上、下角略残，上、右、后面呈毛石状。

组合关系　中室北壁西侧第四石侧面

画面简述　此图为剔地浅浮雕阴线刻。画面共刻五人，左端者戴进贤冠（？），冠后可见飘带，着长袍，拱手而立，回首右望（？）；第二、三、四人漫漶，可见着长袍而立；第五人戴进贤冠（？），冠后可见飘带，着施缘长袍，腰间垂带，带末端呈钩卷状，面左拱手而立。各人物间预刻题榜，皆空白未刻榜题。画面四周有框。

著录与文献　尹增淮：《江苏泗阳打鼓墩樊氏画像石墓》，《考古》1992年第9期，第825页，图17；王滢：《山东江苏汉画像石榜题研究》，载朱青生主编：《中国汉画学会第九届年会论文集》（上），北京：中国社会出版社，2004年，第401页。

收藏单位　淮安市博物馆

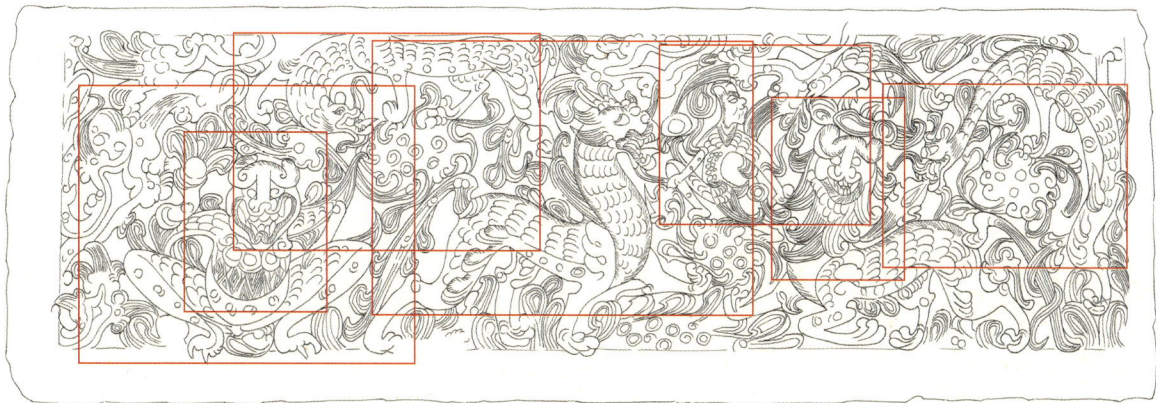

红色框标注原石局部

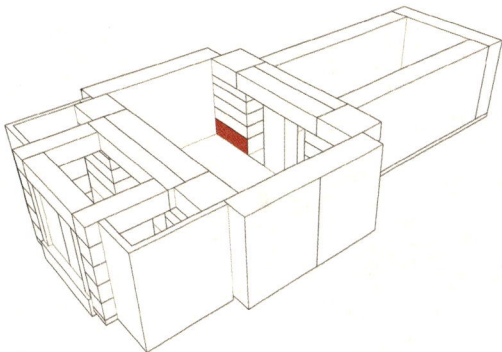

编号	JS-HA-01-18(1)
时代	东汉
出土/征集地	泗阳打鼓墩画像石墓
出土/征集时间	1976年
原石尺寸	39.5×118×64.5
质地	石灰质青石
原石情况	原石呈长方形，下边有残损，上、左、右面呈毛石状。
组合关系	中室北壁西侧第五石

画面简述　此图为剔地浅浮雕阴线刻。画面原称"羽人戏兽图"。画面左侧一神怪（一说为强良？一说为熊），圆耳阔口，胸前有五圆形物（一说为乳），腹部有菱形纹样，一手上举，手托一物（一说为鲜果），一手撑于腿部，有尾，正面呈蹲踞状。其右上方一龙，张口露齿，颔下有须，通身披鳞，右向回首。再右为羽人戏二神兽，左侧神兽头生双角，颔下有须，肩生双翼，通身披鳞，右向奔走；右侧神兽颔下可见鬃毛，一说为狮子，肩生羽翼，通身披鳞，面部朝向正面，左向奔走；二兽间一羽人，肩股生翼，双手分别持左右二兽胡须，左向跨步，右向回首；右侧神兽头部上方一鸟，低首，口衔一树叶状物（一说为丹丸）。再右一兽，短耳，张口露齿，齿间衔绶带（？），通身披鳞，曲身引颈，尾部与羽人右侧神兽尾部缠绕。画面空白处填刻云气纹补白。四周有框。

著录与文献　尹增淮：《江苏泗阳打鼓墩樊氏画像石墓》，《考古》1992年第9期，第818页。

收藏单位　淮安市博物馆

JS-HA-01-18(1)拓片

JS-HA-01-18(1)线描

JS-HA-01-18(1)原石局部

JS-HA-01-18(1)原石局部

JS-HA-01-18(1)原石局部

JS-HA-01-18(1) 原石局部

JS-HA-01-18(1)原石局部

JS-HA-01-18(1)原石局部

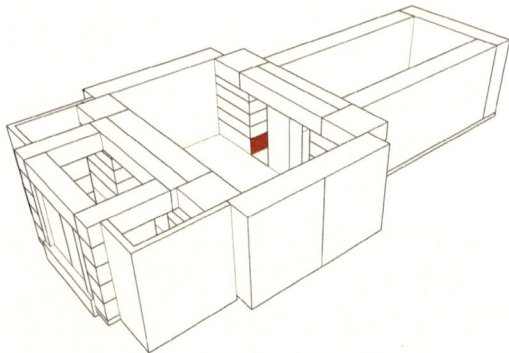

编号	JS-HA-01-18(2)
时代	东汉
出土/征集地	泗阳打鼓墩画像石墓
出土/征集时间	1976年
原石尺寸	39.5×64.5×118
质地	石灰质青石
原石情况	原石呈长方形，基本完整，上、右、后面呈毛石状。
组合关系	中室北壁西侧第五石侧面
画面简述	此图为剔地浅浮雕阴线刻。画面大部分漫漶，左上刻一神怪（一说为强良？一说为熊？），圆耳阔口，胸前有圆形物（一说为乳），腹部有菱形纹样，一手上举（？），一手撑于腹部，正面呈跨步状；其右一兽，腾空俯视；下方二兽相对，左兽漫漶，似抬一足，右兽龙首，头生双角，张口露齿，肩生羽翼，通身披鳞。画面空白处填刻云气纹补白。四周有框。
著录与文献	尹增淮:《江苏泗阳打鼓墩樊氏画像石墓》,《考古》1992年第9期，第818页。
收藏单位	淮安市博物馆

108

JS-HA-01-18(2)原石局部

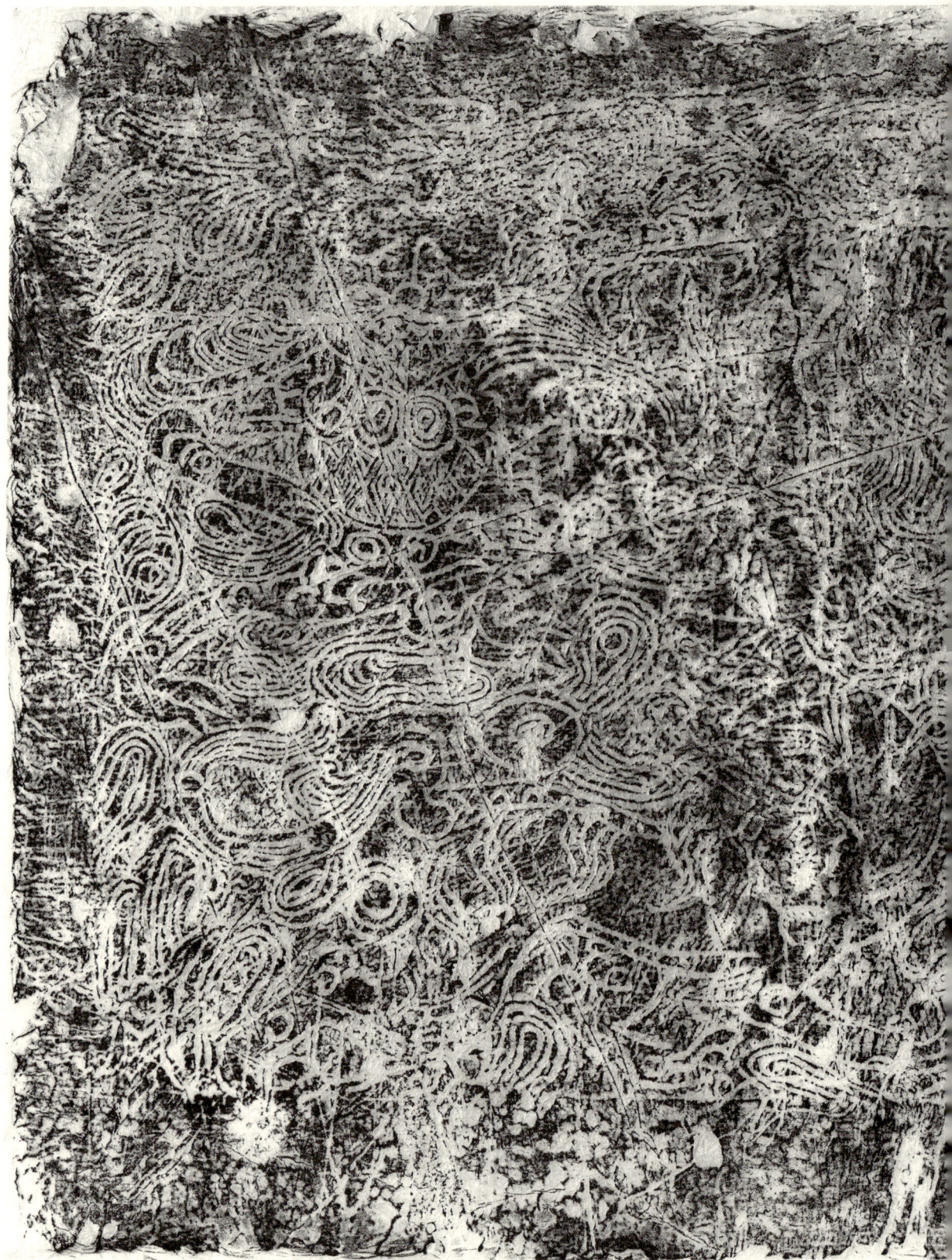

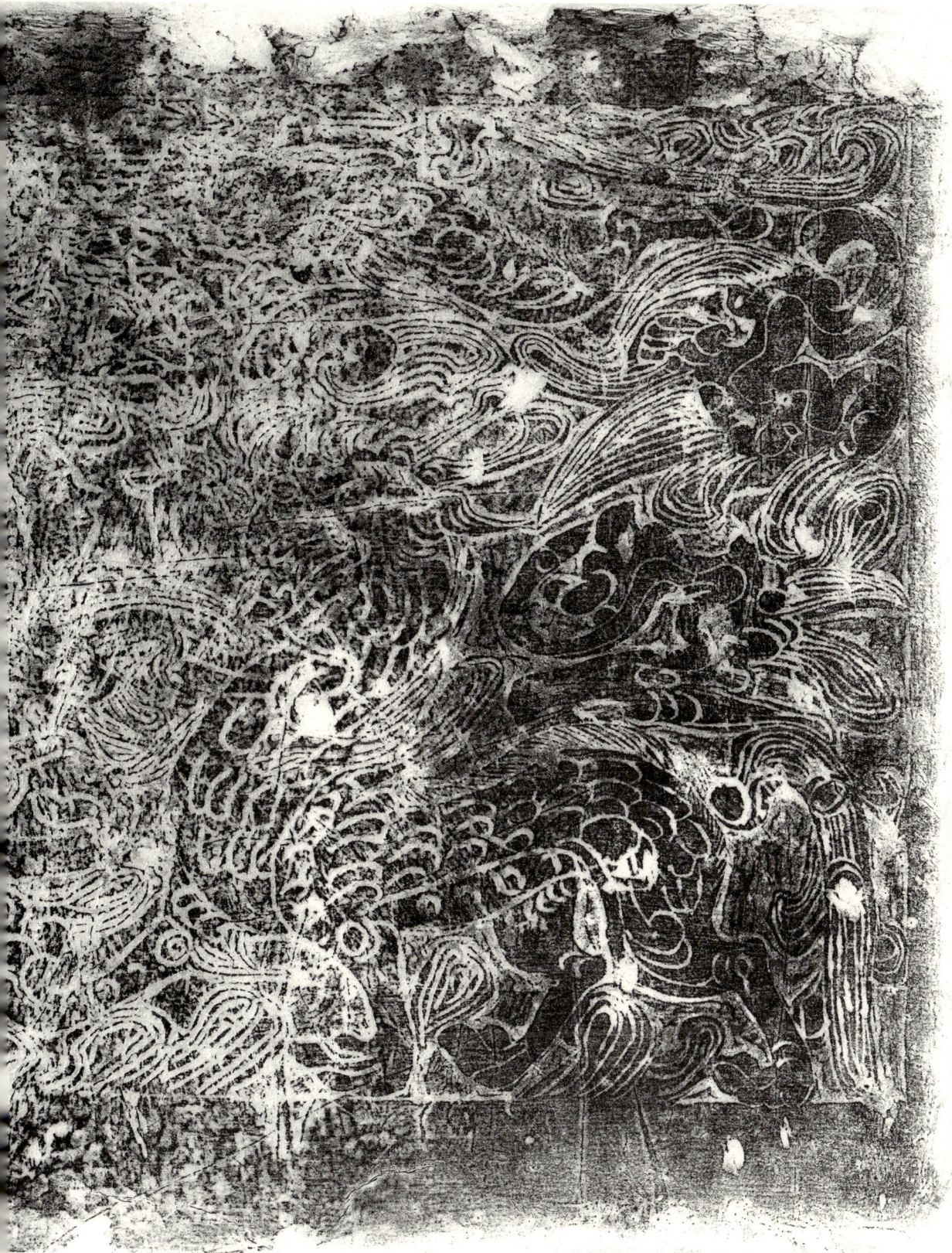

JS-HA-01-18(2) 拓片

JS-HA-01-18(2)线描

红色框标注原石局部

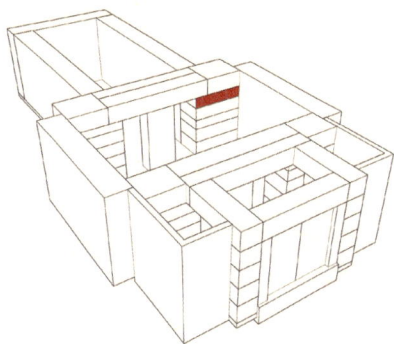

编号	JS-HA-01-19(1)
时代	东汉
出土/征集地	泗阳打鼓墩画像石墓
出土/征集时间	1976年
原石尺寸	24×117×65
质地	石灰质青石
原石情况	原石呈长方形，上、下、右边皆有残损，上、右、后面呈毛石状。
组合关系	中室北壁东侧第一石
画面简述	此图为剔地浅浮雕阴线刻。画面原称"奇禽异兽图"。左端一凤鸟（鸾鸟），头生羽冠，尾分三歧，展翅，面右而立。其右一羊（一说福德羊），羊角弯卷，颌下有须，肩生羽翼，身有鳞纹，短尾，昂首面左而立。其右一虎与一龙相对而立，左侧虎张口露齿，肩生羽翼，长尾卷扬，身披斑纹；右侧龙张口露齿，颌下有须，肩生羽翼，通身披鳞，长尾垂卷。最右一莲花纹图案，内有莲子（？）。画面空白处填刻云气纹补白。四周有框。
著录与文献	尹增淮：《江苏泗阳打鼓墩樊氏画像石墓》，《考古》1992年第9期，第814页，图3-1。
收藏单位	淮安市博物馆

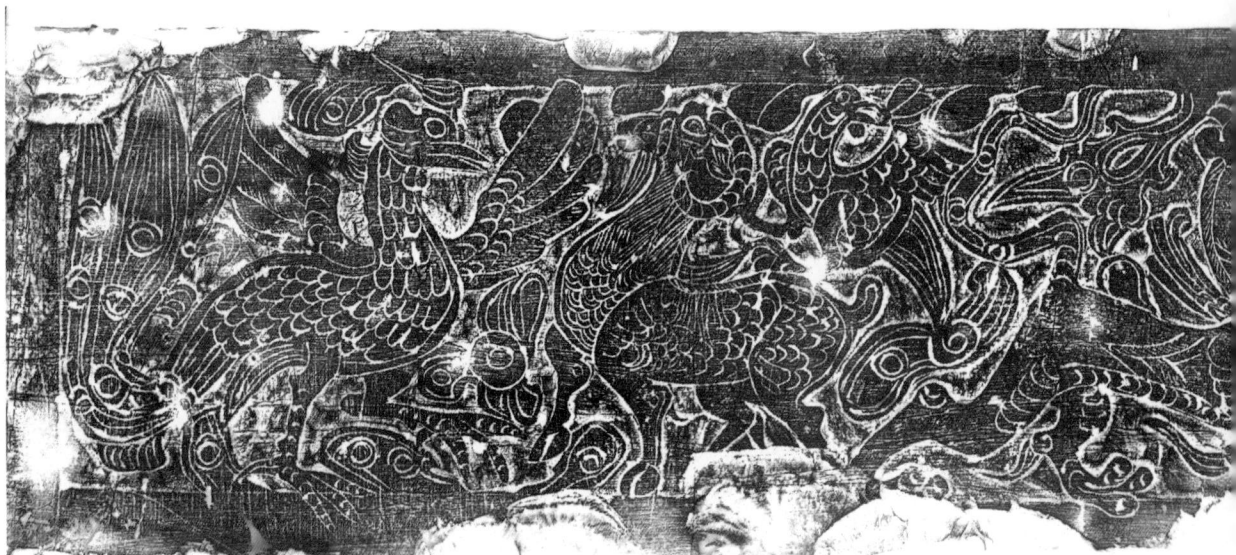

JS-HA-01-19(1)拓片

JS-HA-01-19(1)线描

JS-HA-01-19(1)原石局部

JS-HA-01-19(1)原石局部

JS-HA-01-19(1)原石局部

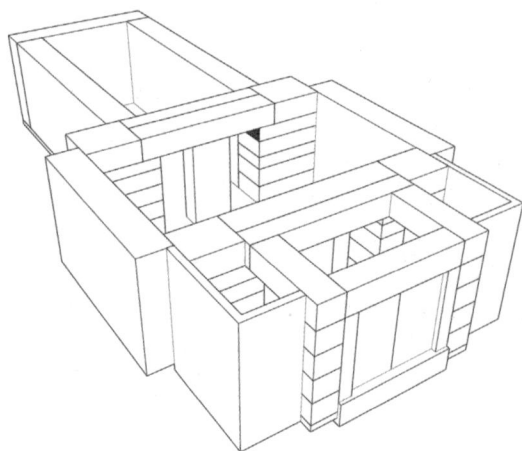

编号	JS-HA-01-19(2)
时代	东汉
出土/征集地	泗阳打鼓墩画像石墓
出土/征集时间	1976年
原石尺寸	24×65×117
质地	石灰质青石
原石情况	原石呈长方形，基本完整，上、左、后面呈毛石状。
组合关系	中室北壁东侧第一石侧面
画面简述	此图为剔地浅浮雕阴线刻。画面左侧一羽人，肩股生翼，手持一物（芝草），面右单膝跪地；其右一神怪（一说为强良？一说为熊？），圆耳阔口，胸前有五圆形物（一说为乳），腹部有菱形纹样，一手托一物（一说为鲜果）上举，一手撑于腿部，正面呈跨步状；再右画面漫漶，似有一兽。画面空白处填刻云气纹补白。四周有框。
著录与文献	尹增淮：《江苏泗阳打鼓墩樊氏画像石墓》，《考古》1992年第9期，第815页，图4-2。
收藏单位	淮安市博物馆

JS-HA-01-19(2)拓片

JS-HA-01-19(2)线描

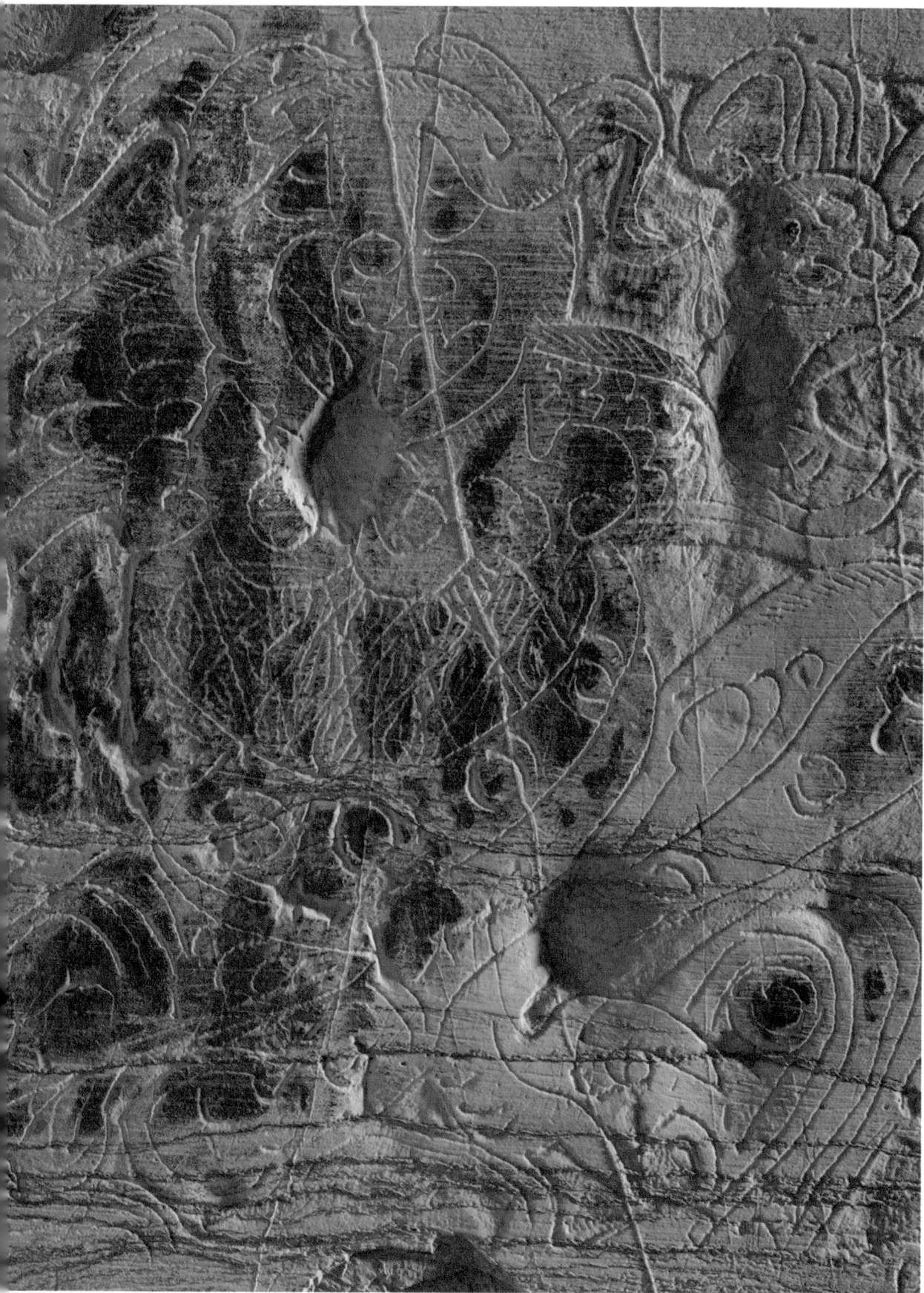

JS-HA-01-19(2)原石局部

JS-HA-01-19(2)原石局部

JS-HA-01-19(2)原石局部

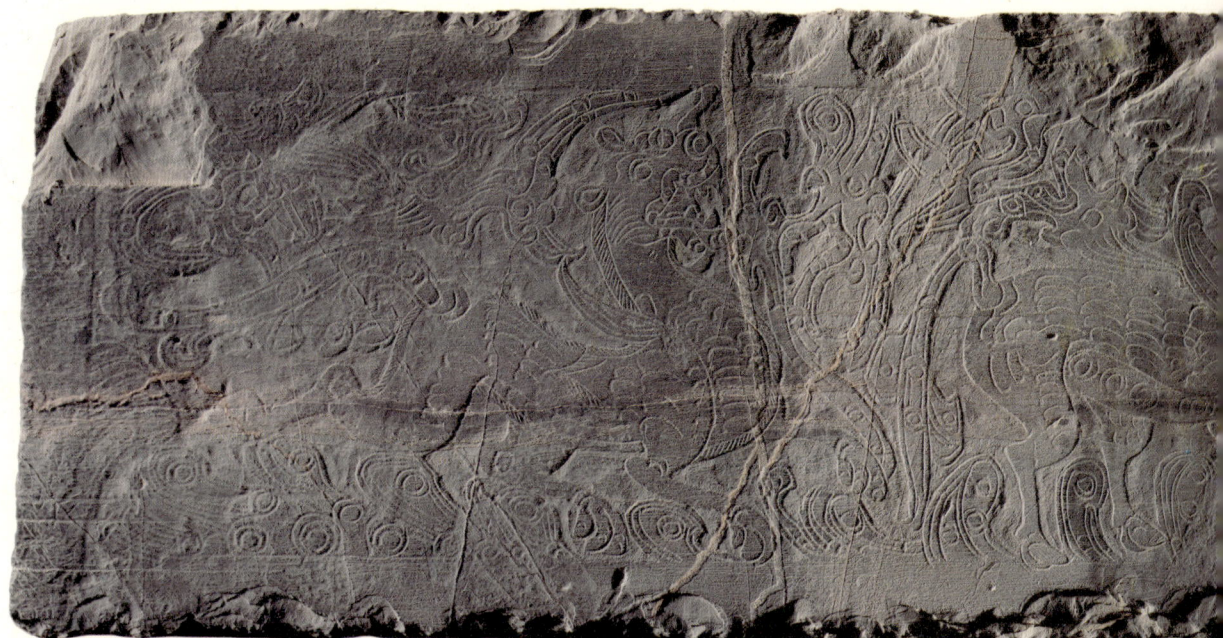

红色框标注原石局部

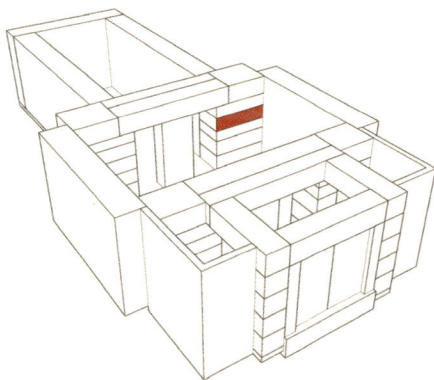

编号	JS-HA-01-20(1)
时代	东汉
出土/征集地	泗阳打鼓墩画像石墓
出土/征集时间	1976年
原石尺寸	28.5×121×62.5
质地	石灰质青石
原石情况	原石呈长方形，上、下边有残损，上、右、后面呈毛石状。
组合关系	中室北壁东侧第二石
画面简述	此图为剔地浅浮雕阴线刻。画面原称"羽人戏凤图"。左侧一兽，短耳，张口露齿，肩生羽翼，长尾上扬，昂首右行；其右一麒麟，头部残损，肩生羽翼，身有鳞纹，偶蹄，尾部下垂，右向而立；再右一羽人，肩股生翼，左向跨步，右向回首，一手持一物（鲜果）右伸，戏其右侧凤鸟；凤鸟头生羽冠，长尾；凤鸟右上亦有一鸟，展翅，回首右望。画面下方有山峦，空白处填刻云气纹补白。四周有框。
著录与文献	尹增淮：《江苏泗阳打鼓墩樊氏画像石墓》，《考古》1992年第9期，第814页，图3-2。
收藏单位	淮安市博物馆

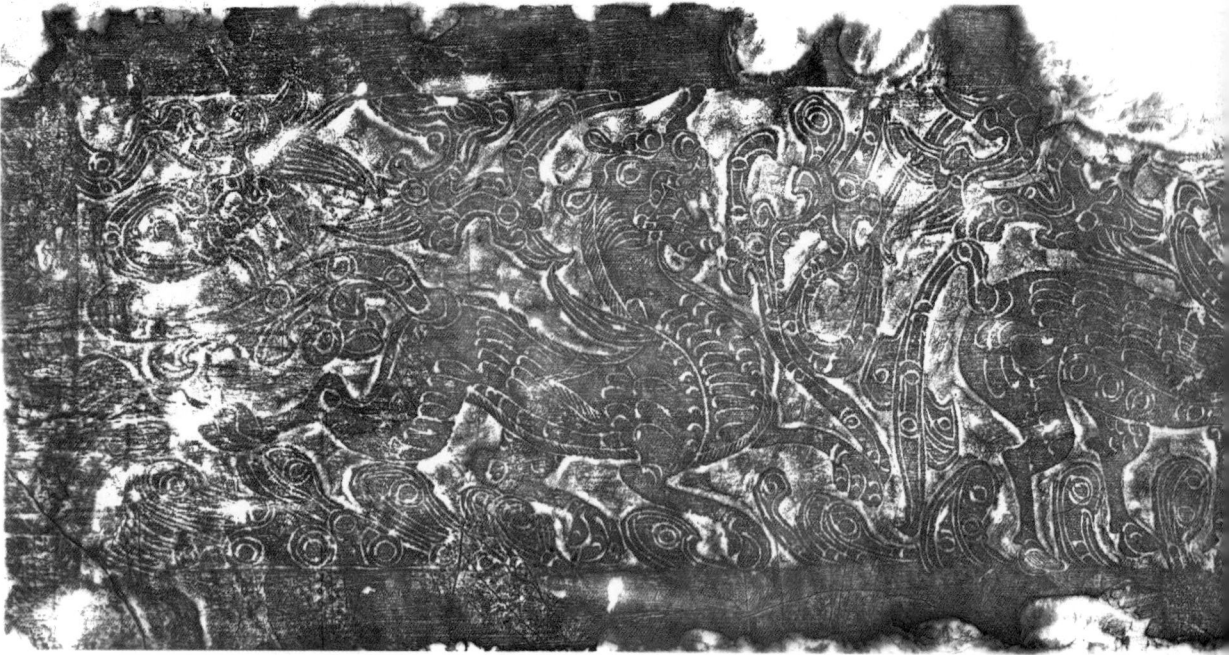

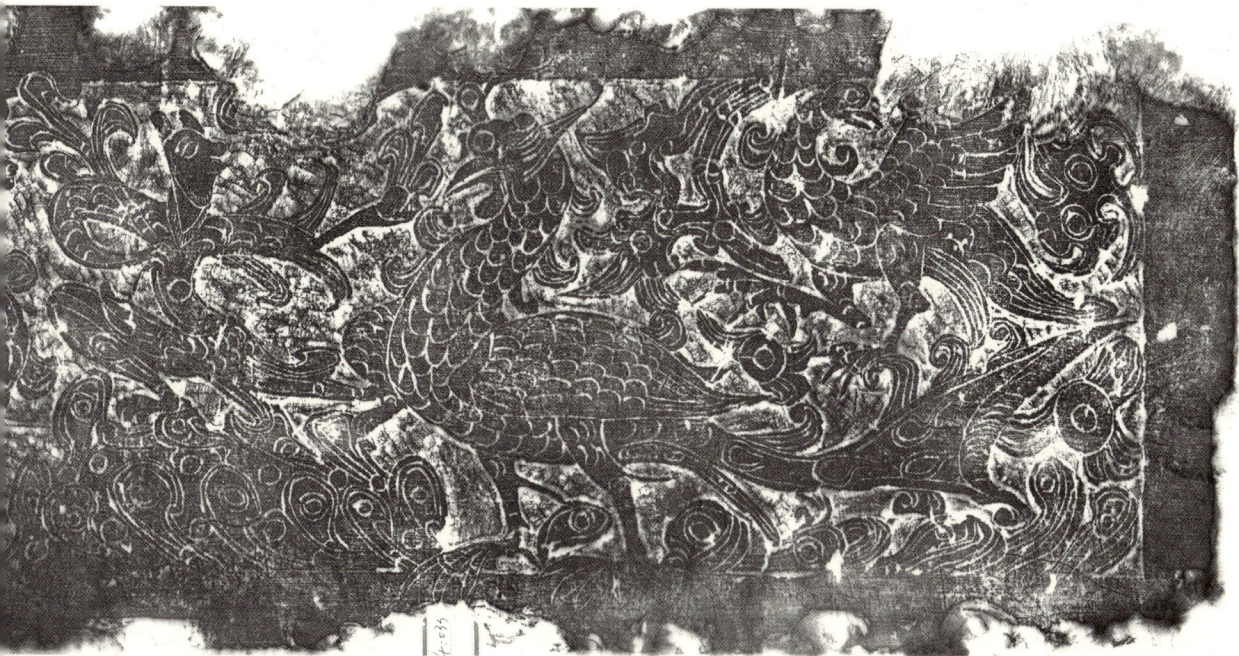

JS-HA-01-20(1)拓片

JS-HA-01-20(1)线描

JS-HA-01-20(1)原石局部

JS-HA-01-20(1)原石局部

JS-HA-01-20(1)原石局部

JS-HA-01-20(1)原石局部

红色框标注原石局部

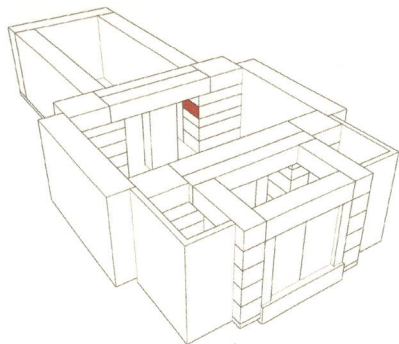

编号	JS-HA-01-20(2)
时代	东汉
出土/征集地	泗阳打鼓墩画像石墓
出土/征集时间	1976年
原石尺寸	28.5×62.5×121
质地	石灰质青石
原石情况	原石呈长方形，基本完整，上、左、后面呈毛石状。
组合关系	中室北壁东侧第二石侧面
画面简述	此图为剔地浅浮雕阴线刻。画面左侧一牛（形似水牛），肩胛生毛羽，长尾下垂，鼻部有环，环上拴一链，绕过颈部，拴于左前腿；其右一兽，头部漫漶，曲颈，肩生羽翼，长尾卷扬，右向奔走。画面下方有山峦，空白处填刻云气纹补白。四周有框。
著录与文献	尹增淮：《江苏泗阳打鼓墩樊氏画像石墓》，《考古》1992年第9期，第815页，图4-1。
收藏单位	淮安市博物馆

JS-HA-01-20(2)拓片

JS-HA-01-20(2)线描

JS-HA-01-20(2)原石局部

红色框标注原石局部

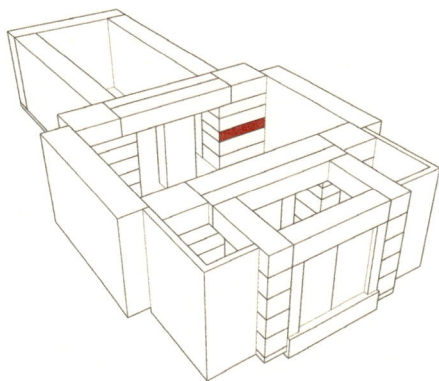

编号	JS-HA-01-21(1)
时代	东汉
出土/征集地	泗阳打鼓墩画像石墓
出土/征集时间	1976年
原石尺寸	22×116.5×63.5
质地	石灰质青石
原石情况	原石呈长方形，左上、右上、右下角略残，上边有残损，上、右、后面呈毛石状。
组合关系	中室北壁东侧第三石
画面简述	此图为剔地浅浮雕阴线刻。画面原称"三青鸟图"。画面最左一凤鸟，头生羽冠，一爪抬起，口衔绶带，右向回首，展翅而立；其右一凤鸟，口衔一树叶状物（一说为丹丸），右向回首而立，其右下方一兔；再右一凤鸟，头生羽冠，口衔一树叶状物（一说为丹丸），展翅，面左而立；其右一植物（一说为莲花纹，一说为柿蒂纹）；再右一虎，张口露齿吐舌，肩生羽翼，身披斑纹，尾部上扬，右向而立；其右一龙，亦张口露齿吐舌，肩生羽翼，身披网状纹，长尾卷扬，与左侧虎相对而立，龙虎间一植物（？）。画面下方有山峦，空白处填刻云气纹补白。四周有框。
著录与文献	尹增淮:《江苏泗阳打鼓墩樊氏画像石墓》,《考古》1992年第9期，第814页，图3-3。
收藏单位	淮安市博物馆

JS-HA-01-21(1)拓片

JS-HA-01-21(1)线描

JS-HA-01-21(1)原石局部

JS-HA-01-21(1)原石局部

JS-HA-01-21(1)原石局部

红色框标注原石局部

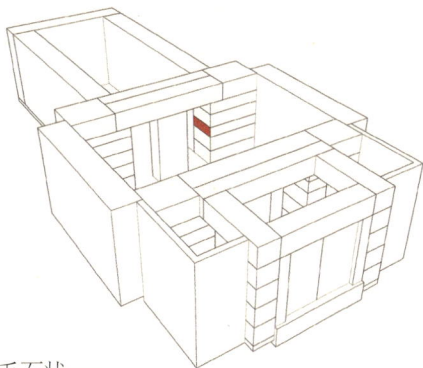

编号	JS-HA-01-21(2)
时代	东汉
出土/征集地	泗阳打鼓墩画像石墓
出土/征集时间	1976年
原石尺寸	22×63.5×116.5
质地	石灰质青石
原石情况	原石呈长方形，右上、左下角略残，上、左、后面呈毛石状。
组合关系	中室北壁东侧第三石侧面
画面简述	此图为剔地浅浮雕阴线刻。此图一说为"萧何月下追韩信"。画面左侧一骑，马首饰缨（？），骑吏戴冠，着施缘宽袖及膝袍，一手控缰，一手持鞭后扬，左向而行；其后亦有一骑，马首饰缨（？），马颈前伸，骑吏戴冠，着施缘宽袖及膝袍，一手控缰（？），一手持鞭后扬，左向飞奔。二骑前后皆有山峦，其余空白处填刻云气纹补白。四周有框。
著录与文献	尹增淮:《江苏泗阳打鼓墩樊氏画像石墓》,《考古》1992年第9期，第816页，图5-1。
收藏单位	淮安市博物馆

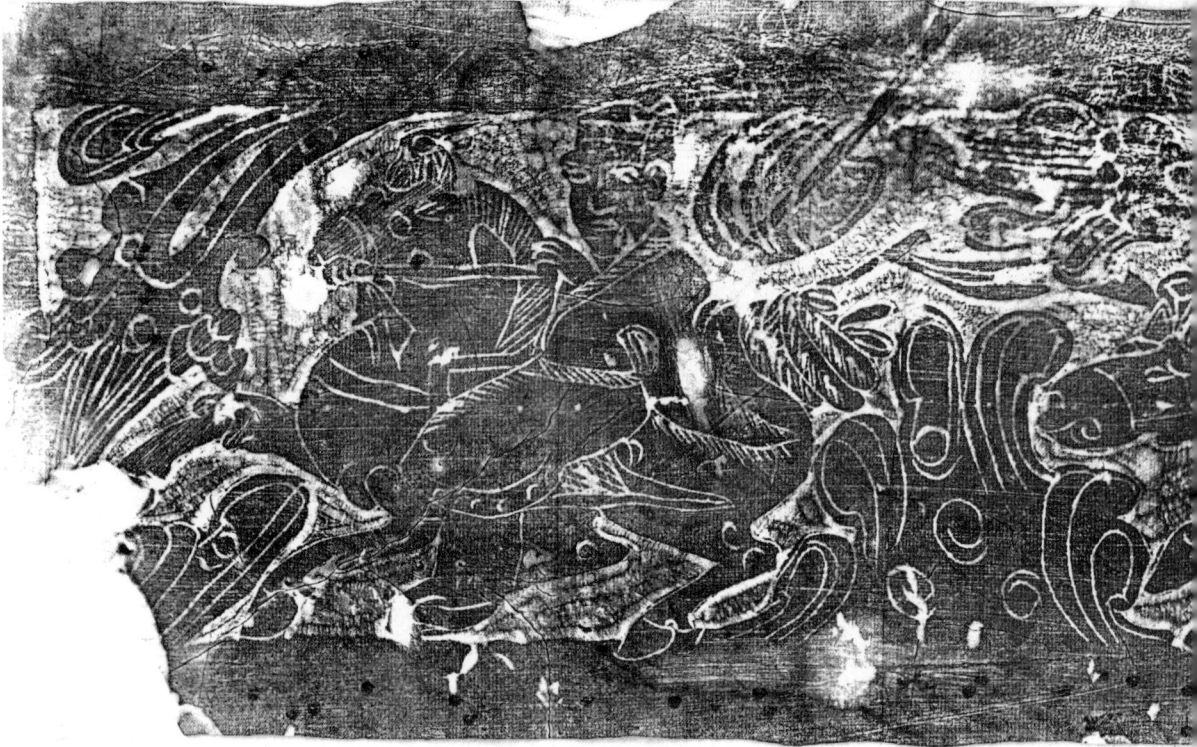

JS-HA-01-21(2)拓片

JS-HA-01-21(2)线描

JS-HA-01-21(2)原石局部

JS-HA-01-21(2)原石局部

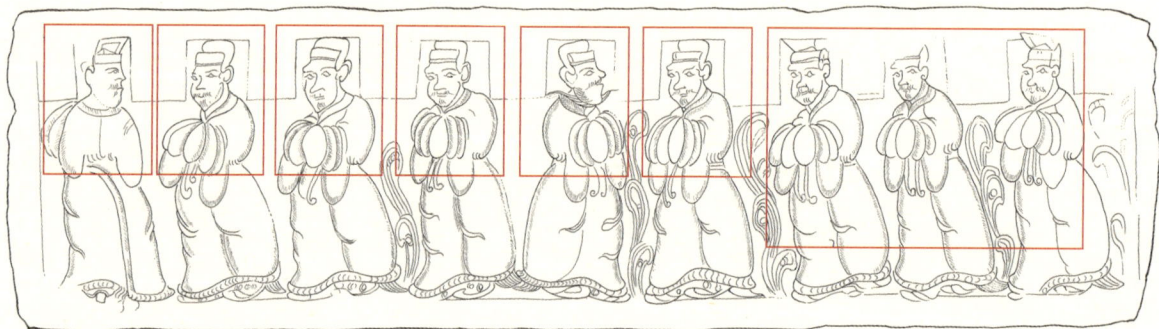

红色框标注原石局部

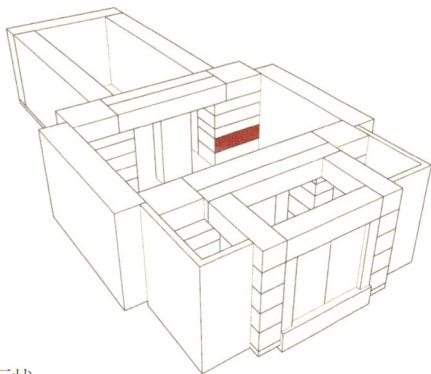

编号	JS-HA-01-22(1)
时代	东汉
出土/征集地	泗阳打鼓墩画像石墓
出土/征集时间	1976年
原石尺寸	32×119×63.5
质地	石灰质青石
原石情况	原石呈长方形，四边皆有残损，上、右、后面呈毛石状。
组合关系	中室北壁东侧第四石
画面简述	此图为剔地浅浮雕阴线刻。画面共九人，皆有须，着及足长袍，腰间垂带，带末端呈钩卷状，袍角施缘，足皆着履。其中，左端者头戴进贤冠，面右而立；第二、三、四人皆戴武弁，面左拱手而立，第三与第四人之间一植物（芝草）；第五人与第六人亦戴武弁，拱手相对而立，二人间一植物（芝草）；第七人戴帻（？），面左拱手而立，其面前一植物（芝草）；第八人头部上方残损，与第九人（右端者）左向拱手而立，第九人戴进贤冠（？），二人之间一植物（芝草）。人物头旁预刻题榜，共十榜，皆空白未刻榜题。四周有框。
著录与文献	尹增淮：《江苏泗阳打鼓墩樊氏画像石墓》，《考古》1992年第9期，第817页，图6-2；王滢：《山东江苏汉画像石榜题研究》，载朱青生主编：《中国汉画学会第九届年会论文集》（上），北京：中国社会出版社，2004年，第401页。
收藏单位	淮安市博物馆

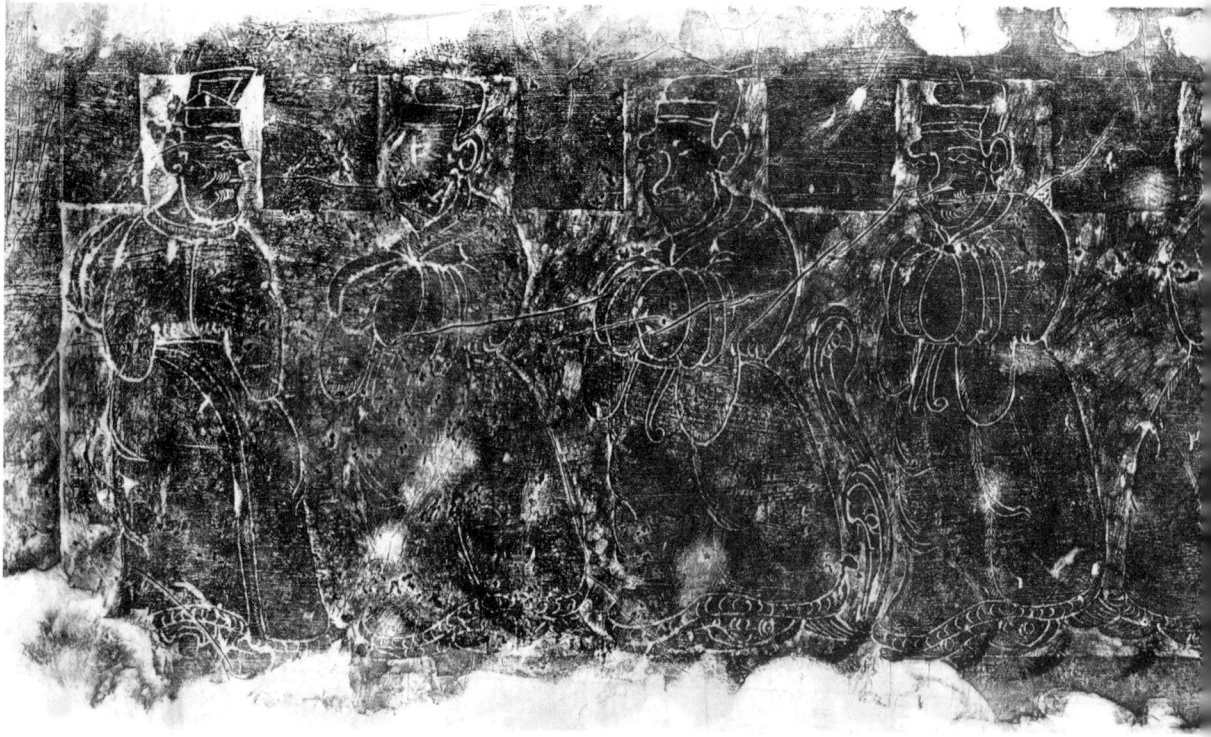

JS-HA-01-22(1)拓片

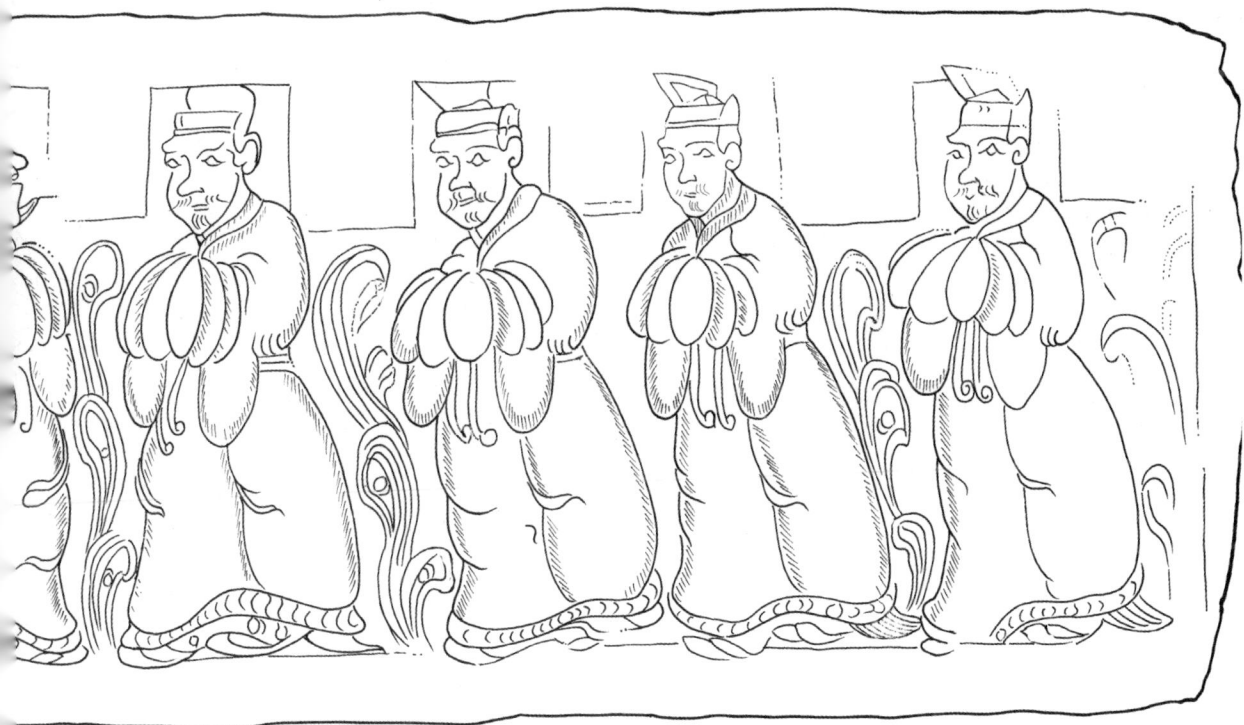

JS-HA-01-22(1)线描

JS-HA-01-22(1)原石局部

JS-HA-01-22(1)原石局部

JS-HA-01-22(1)原石局部

JS-HA-01-22(1)原石局部

红色框标注原石局部

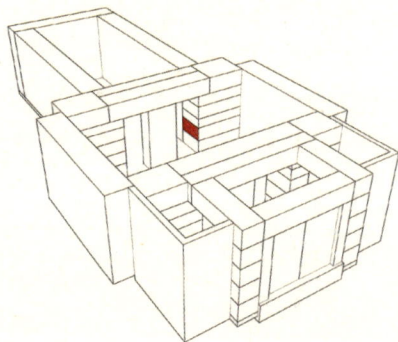

编号	JS-HA-01-22(2)
时代	东汉
出土/征集地	泗阳打鼓墩画像石墓
出土/征集时间	1976年
原石尺寸	32×63.5×119
质地	石灰质青石
原石情况	原石呈长方形，上、下、右边皆有残损，上、左、后面呈毛石状。
组合关系	中室北壁东侧第四石侧面
画面简述	此图为剔地浅浮雕阴线刻。画面一说为"荆轲刺秦"。左端一人，身形高大，头部上方残损，面部有须髯，着施缘过膝长袍，下身着袴，足有履，衣袖贲张，撸起至肘部，双腿分开，叉手正面而立。其右一人，头戴巾帻，有须，着长袍，腰间垂带，带末端呈钩卷状，面右跽坐，双手指向身后（呈介绍状）；其面前一柱，柱顶为半圆形，柱下有柱础，柱身略有收分，柱身中部横贯一环首刀；柱左一环状物不明，柱右一高足盘，上盛三或二鱼。右端一人，面有须眉，头戴进贤冠（？），身着宽大袍服，腰悬绶带（及印？），坐于榻上，其头顶上方有两组打结帷幔。画面空白处填刻云气纹补白。画面上、下、右三边有框。

著录与文献　尹增淮：《江苏泗阳打鼓墩樊氏画像石墓》，《考古》1992年第9期，第818页，图7-1，第819页，图8-3；孙玉军、张春宇：《江苏打鼓墩樊氏墓画像石历史故事画艺术特色浅析》，《天津美术学院学报》2010年第3期，第46页，图3；张春宇：《打鼓墩樊氏墓画像石〈荆轲刺秦图〉浅析》，《数位时尚（新视觉艺术）》2011年第1期，第13页，图1；徐彪：《汉画像砖石中所见"士形象"初步研究》，中央民族大学，硕士学位论文，2012年，第23页，图4；史培争：《汉画像与历史故事研究——以〈孔子问学〉〈荆轲刺秦王〉为中心》，东北师范大学，博士学位论文，2015年，第107-108页。

收藏单位　淮安市博物馆

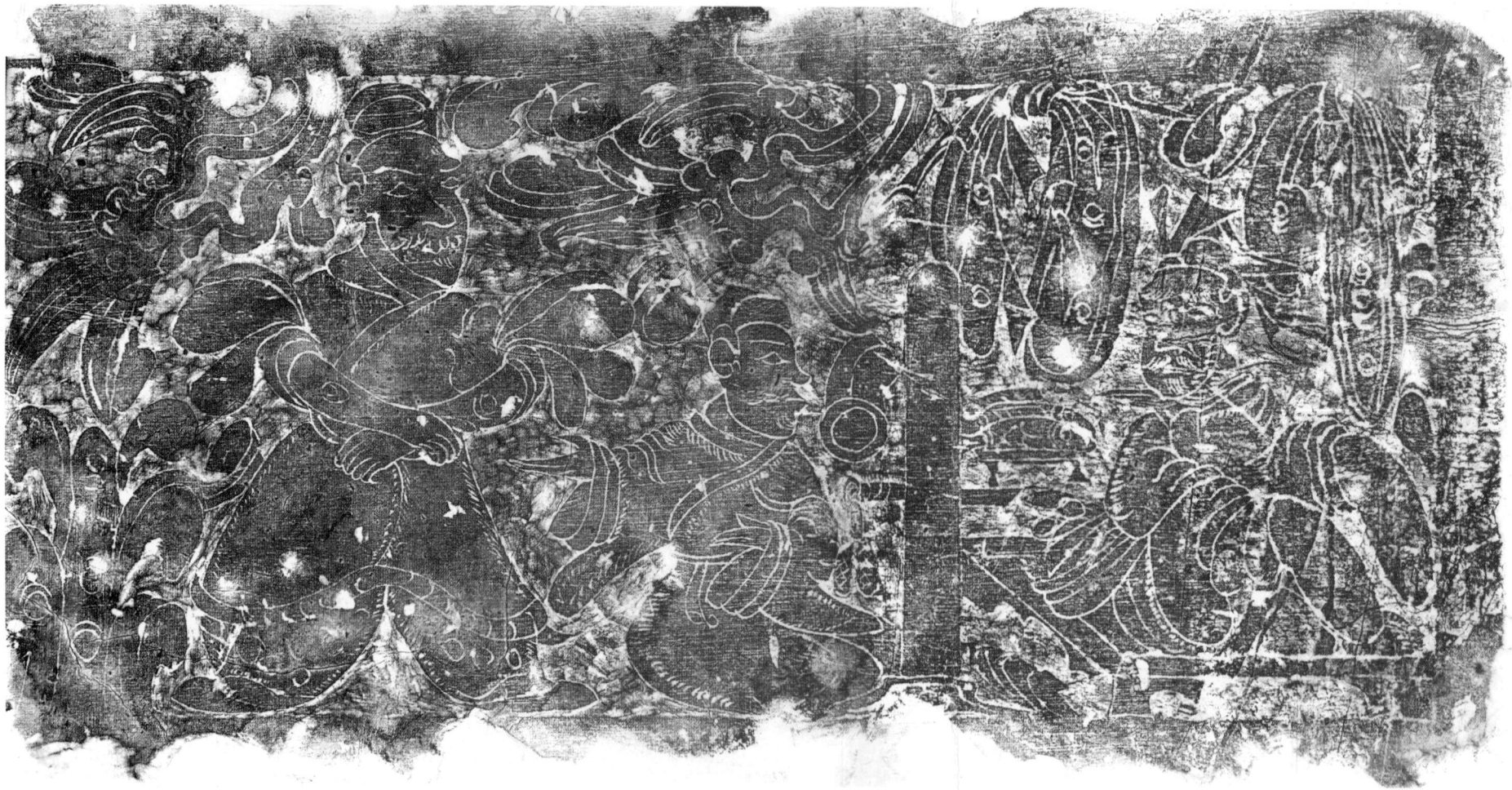

JS-HA-01-22(2)拓片

JS-HA-01-22(2)线描

JS-HA-01-22(2) 原石局部

红色框标注原石局部

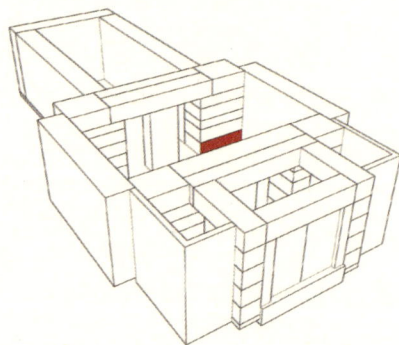

编号	JS-HA-01-23(1)
时代	东汉
出土/征集地	泗阳打鼓墩画像石墓
出土/征集时间	1976年
原石尺寸	34×127×70
质地	石灰质青石

原石情况　原石呈长方形，下边有残损，右侧残，上、右、后面呈毛石状。

组合关系　中室北壁东侧第五石

画面简述　此图为剔地浅浮雕阴线刻。画面原称"皋陶治狱图"。画面左端一人，着及足长袍，腰间垂带，带末端呈钩卷状，袍角施缘，下有拖曳后摆，着履，平端双手，面右回首而立，其左一植物（一说为芝草）。其右一兽，形似马，一说为獬豸，有四蹄，身披毛羽，长尾下垂，头顶矛状独角，耳似小翼，低首抬足，以角触左侧人物胯部。兽上方二鸟，一鸟立其头部上方，一鸟立其背上，二鸟相对而立。兽右侧一人，着过膝长袍，袍角施缘，下有后摆，袴上可见圆点，伸手抚左侧兽臀部、尾部。画面右侧一神兽与一龙相对而立，左侧兽头生一对绵羊角，尖吻（似鸟喙），口衔一丹丸，肩生羽翼，身披鳞纹，长尾下垂，其背上一鸟，抬一足，左向而立；右侧龙有双角，张口吐舌，肩生羽翼，四足生翼，身披鳞纹，长尾曲颈。兽与龙之间一神怪（一说为强良？一说为熊？），圆耳阔口，张口露齿，胸前五圆形物（一说为乳），圆腹上有菱形纹样，双足为鸟爪状，双手平举，手中各托一物（一说为鲜果），呈正面蹲踞状。龙右上方另有一兽，长吻圆耳，身披鳞纹，反身回首右望，尾部与身下龙尾交缠。龙右下方亦有一小兽，圆耳，身披鳞纹，颈部及腿部残损，左向回首。画面下方有山峦，空白处填刻云气纹补白。上、下、左三边有框。

著录与文献　尹增淮：《江苏泗阳打鼓墩樊氏画像石墓》，《考古》1992年第9期，第821页，图10-2；张春宇、刘振永：《浅析魏晋时期画像石〈皋陶治狱图〉的艺术特色》，《江苏教育学院学报（社会科学）》2010年第3期，第115页，图1、2，第116页，图3；孙玉军、张春宇：《江苏打鼓墩樊氏墓画像石历史故事画艺术特色浅析》，《天津美术学院学报》2010年第3期，第46页，图1、2。

收藏单位　淮安市博物馆

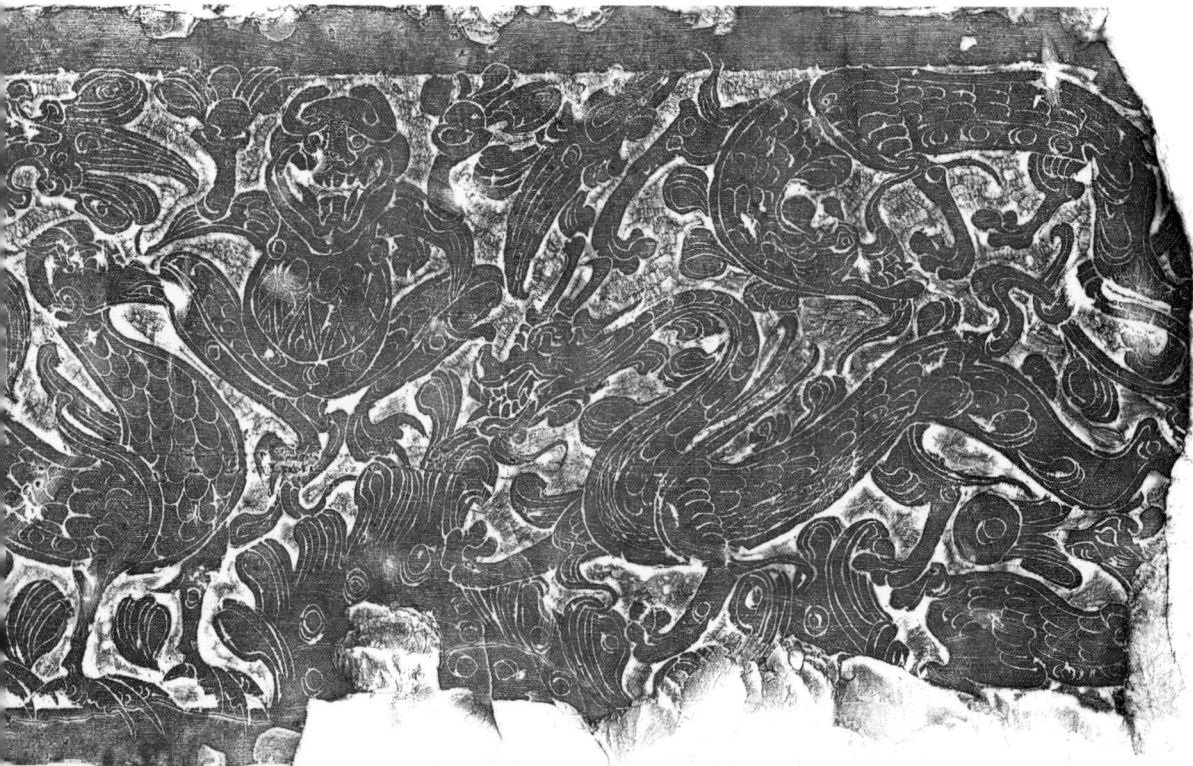

JS-HA-01-23(1)拓片

JS-HA-01-23(1)线描

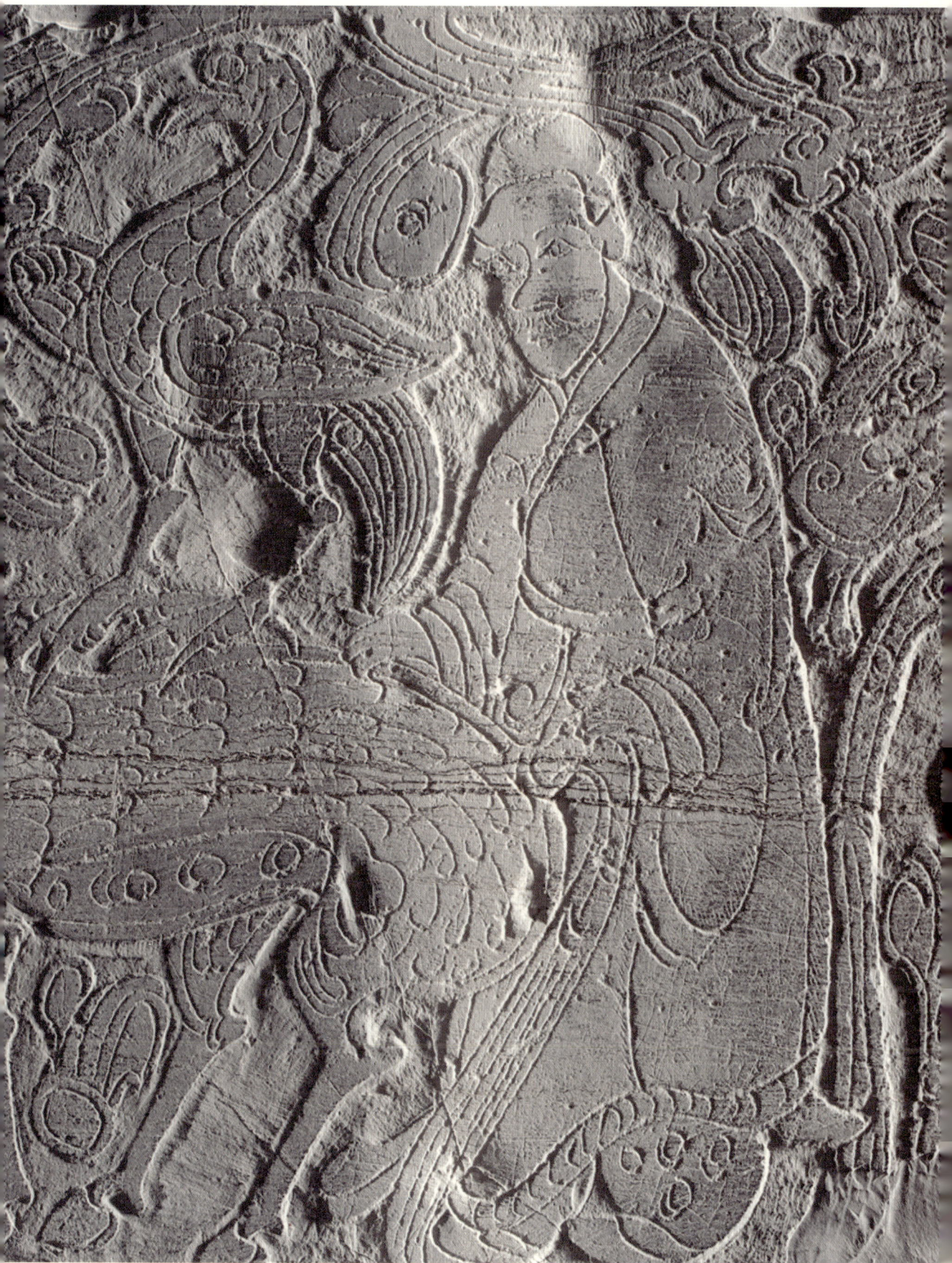

JS-HA-01-23(1)原石局部

JS-HA-01-23(1)原石局部

JS-HA-01-23(1)原石局部

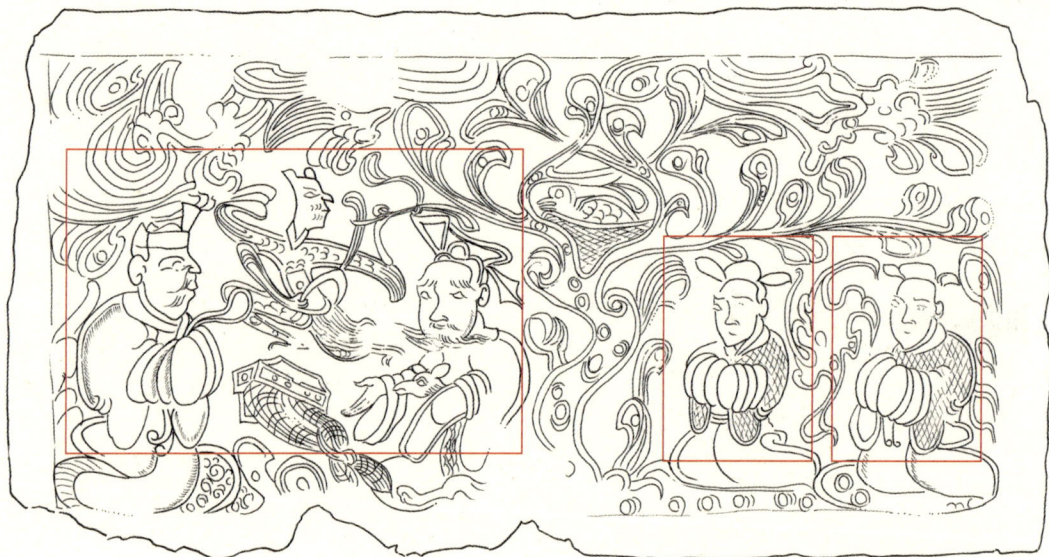

红色框标注原石局部

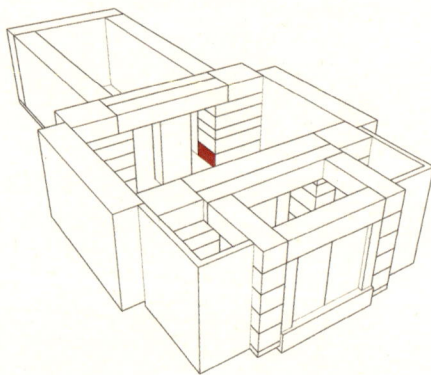

编号	JS-HA-01-23(2)
时代	东汉
出土/征集地	泗阳打鼓墩画像石墓
出土/征集时间	1976年
原石尺寸	34×70×127
质地	石灰质青石
原石情况	原石呈长方形，上、下、右边皆有残损，上、左、后面呈毛石状。
组合关系	中室北壁东侧第五石侧面
画面简述	此图为剔地浅浮雕阴线刻。画面左侧一人，戴进贤冠（？），有须，双手持一不明弯曲物，着长袍，面右跽坐；其右一人，戴冠，冠后可见飘带，长眉须髯，一手揽一小兽，一手摊开，面左跽坐于席（？）上，席有圆圈纹；二人间一奁（盒）打开，内有绶带（及印？）摊出。二人上方一羽人，手持芝草，左向跨步，右向回首。画面中部一树（一说为神树），树干虬曲，枝叶繁茂，树冠中央一鸟巢，巢内一鸟左向而卧，呈孵卵状；树下右侧二人，皆头戴巾帻（或弁），左右各一"帽翅"状饰物，着长袍，上半身有菱形纹样，拱手左向跽坐于席（？）上，席有圆圈纹。画面空白处填刻云气纹补白。四周有框。
著录与文献	尹增淮：《江苏泗阳打鼓墩樊氏画像石墓》，《考古》1992年第9期，第818页，图7-2。
收藏单位	淮安市博物馆

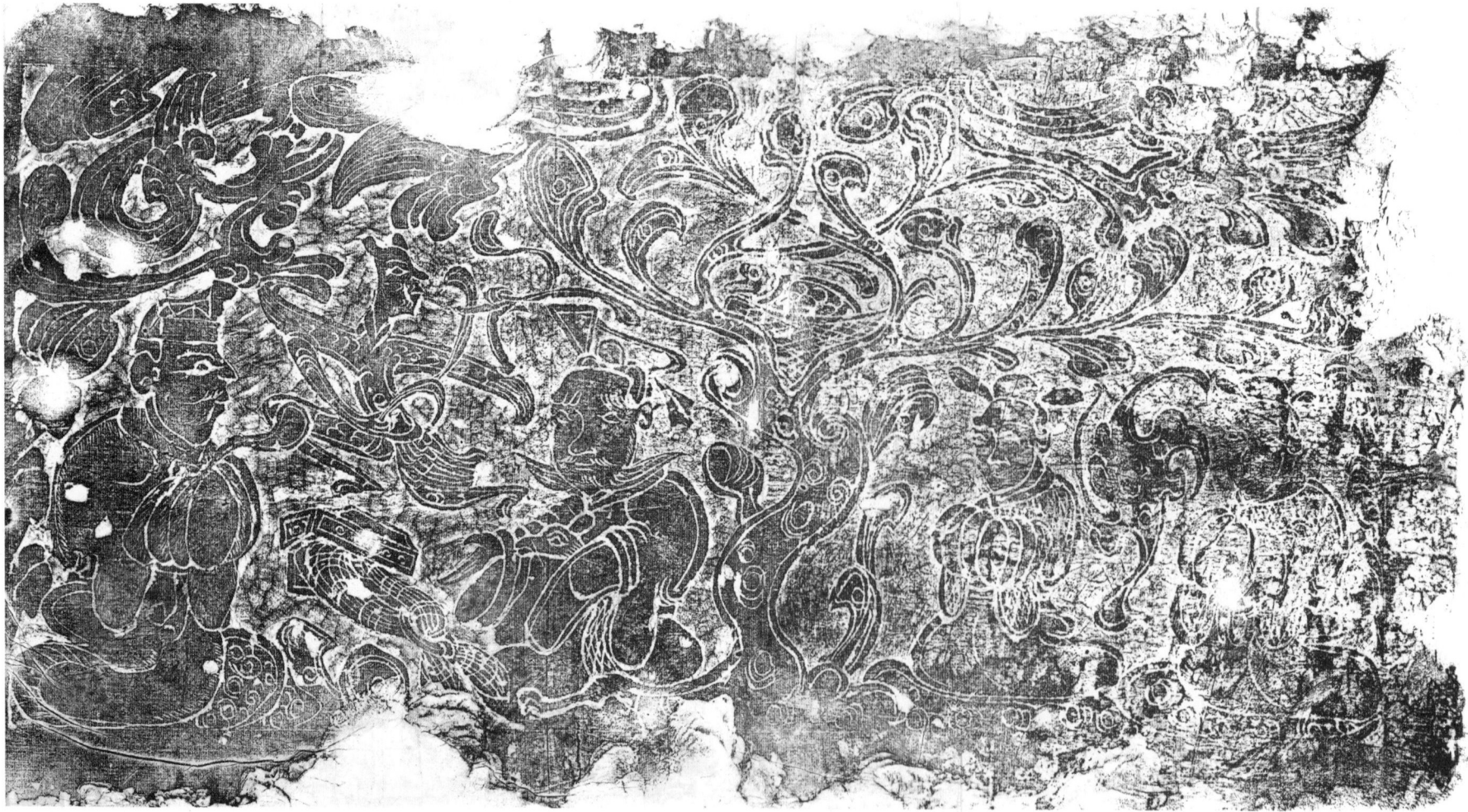

JS-HA-01-23(2)拓片

JS-HA-01-23(2)线描

JS-HA-01-23(2)原石局部

JS-HA-01-23(2)原石局部

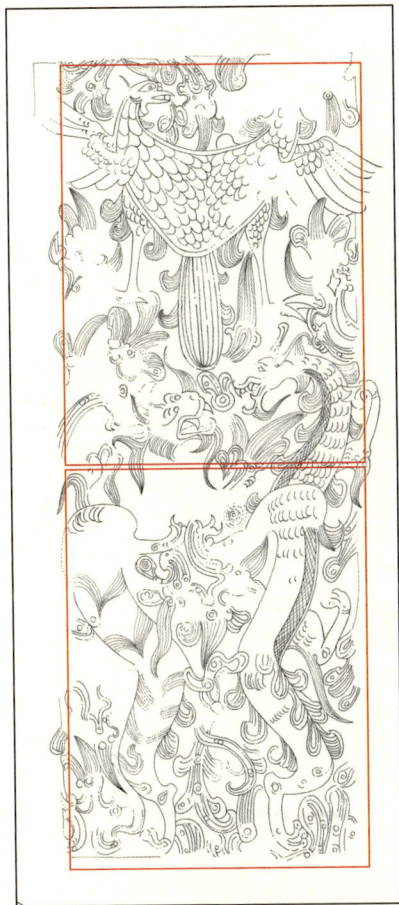

红色框标注原石局部

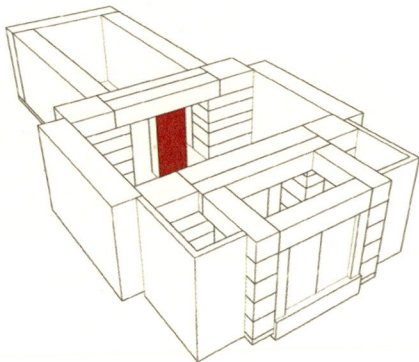

编号	JS-HA-01-24(1)
时代	东汉
出土/征集地	泗阳打鼓墩画像石墓
出土/征集时间	1976年
原石尺寸	141×63×29.5
质地	石灰质青石
原石情况	原石呈长方形，基本完整。
组合关系	中室南壁门柱正面
画面简述	此图为剔地浅浮雕阴线刻。画面上方为一对"比翼鸟"（一说为凤凰），基本呈左右对称状，二鸟皆身披毛羽，展翅垂尾，单足而立，左鸟右顾，右鸟头部漫漶（似为左顾）。其下方左侧一虎，右侧一龙，皆张口露齿，似争戏中间一圆形物（一说为丹药，一说为鲜果），龙、虎皆肩生羽翼，一足相抵，身形蜿蜒扭曲。左、右下角似为山峦。画面空白处填刻云气纹补白。四周有框。
著录与文献	尹增淮：《江苏泗阳打鼓墩樊氏画像石墓》，《考古》1992年第9期，第825页。
收藏单位	淮安市博物馆

JS-HA-01-24(1)拓片

JS-HA-01-24(1)线描

JS-HA-01-24(1)原石局部

红色框标注原石局部

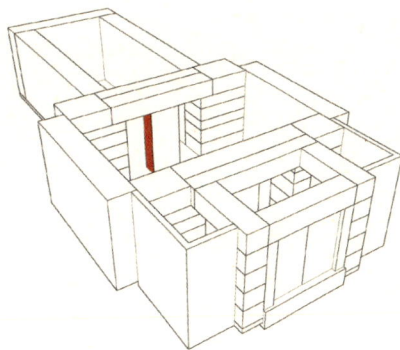

编号	JS-HA-01-24(2)
时代	东汉
出土/征集地	泗阳打鼓墩画像石墓
出土/征集时间	1976年
原石尺寸	141×29.5×63
质地	石灰质青石
原石情况	原石呈长方形，基本完整。
组合关系	中室南壁门柱左侧面
画面简述	此图为剔地浅浮雕阴线刻。画面上方漫漶，中部二兽缠绕相交；其下一兽肩生羽翼，引颈，右向奔走；最下方一神怪（一说为强良？一说为熊？），圆耳阔口，胸前有圆形物（一说为乳），腹部有菱形纹样，一手托一物（一说为鲜果）上举，一手撑于腹部，有尾，呈正面蹲踞状。画面空白处填刻云气纹补白。四周有框。
著录与文献	尹增淮：《江苏泗阳打鼓墩樊氏画像石墓》，《考古》1992年第9期，第825页，图18。
收藏单位	淮安市博物馆

JS-HA-01-24(2)拓片　　　　　　　　JS-HA-01-24(2)线描

JS-HA-01-24(2)原石局部

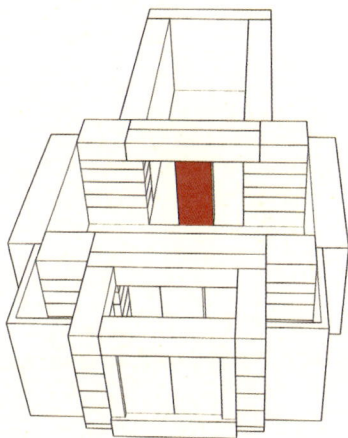

编号	JS-HA-01-24(3)
时代	东汉
出土/征集地	泗阳打鼓墩画像石墓
出土/征集时间	1976年
原石尺寸	141×63×29.5
质地	石灰质青石
原石情况	原石呈长方形，基本完整。
组合关系	中室南壁门柱背面
画面简述	此图为剔地浅浮雕阴线刻。画面漫漶较多，左上方一神怪（一说为强良？一说为熊？），圆耳阔口，胸前有圆形物（一说为乳），腹部有菱形纹样，一手撑于腹部，有尾，呈正面跨步状；其右一凤鸟，仅见下半部分；神怪下方一兽，身披斑纹，肩股生翼，长尾上扬，右向奔走；再下一兽，可见前足，肩生羽翼，引颈，左向奔走；再下方一兽，可见后足及尾部，右向奔走。画面下方似有山峦，空白处填刻云气纹补白。四周有框。
著录与文献	尹增淮：《江苏泗阳打鼓墩樊氏画像石墓》，《考古》1992年第9期，第825页。
收藏单位	淮安市博物馆

JS-HA-01-24(3)拓片

JS-HA-01-24(3)线描

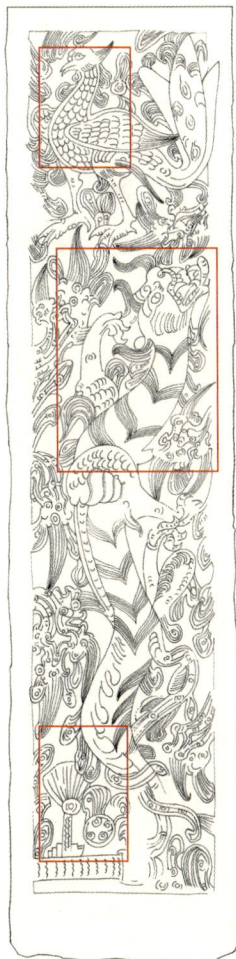

红色框标注原石局部

编号	JS-HA-01-24(4)
时代	东汉
出土/征集地	泗阳打鼓墩画像石墓
出土/征集时间	1976年
原石尺寸	141×29.5×63
质地	石灰质青石
原石情况	原石呈长方形，基本完整。
组合关系	中室南壁门柱右侧面
画面简述	此图为剔地浅浮雕阴线刻。画面上方一凤鸟（一说为朱雀，一说为鸾鸟），头生羽冠，身披毛羽，尾分三歧，面左而立；其下一兽，张口露齿，肩生羽翼，身披斑纹，向上奔走；其下一植物（？），顶部为扇形，下有一台。画面空白处填刻云气纹补白。四周有框。
著录与文献	尹增淮：《江苏泗阳打鼓墩樊氏画像石墓》，《考古》1992年第9期，第825页。
收藏单位	淮安市博物馆

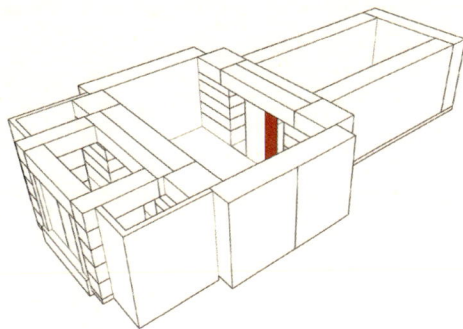

JS-HA-01-24(4)拓片

JS-HA-01-24(4)线描

JS-HA-01-24(4)原石局部

JS-HA-01-24(4)原石局部